Steffi Christian

BRINGE DEIN LEBEN AUF DIE ERFOLGSSPUR

Warum jeder einen Coach braucht

STEFFI CHRISTIAN

BRINGE DEIN LEBEN AUF DIE ERFOLGSSPUR

Warum jeder einen Coach braucht

FBV

Bibliografische Information der Deutschen Nationalbibliothek
Die Deutsche Nationalbibliothek verzeichnet diese Publikation in der Deutschen Nationalbibliografie. Detaillierte bibliografische Daten sind im Internet über https://dnb.de abrufbar.

Für Fragen und Anregungen
info@m-vg.de

Wichtiger Hinweis
Ausschließlich zum Zweck der besseren Lesbarkeit wurde auf eine genderspezifische Schreibweise sowie eine Mehrfachbezeichnung verzichtet. Alle personenbezogenen Bezeichnungen sind somit geschlechtsneutral zu verstehen.

Originalausgabe
1. Auflage 2024

Türkenstraße 89
80799 München
Tel.: 089 651285-0

Redaktion: Petra Sparrer
Umschlaggestaltung: Marc-Torben Fischer, München
Umschlagabbildung: Adobe Stock/Lagunov
Abbildungen Innenteil: Adobe Stock/Віталій Барідa
Satz: Carsten Klein, Torgau
Druck: CPI
Printed in the EU

ISBN Print 978-3-95972-804-1
ISBN E-Book (PDF) 978-3-98609-573-4
ISBN E-Book (EPUB, Mobi) 978-3-98609-574-1

Inhalt

Dieses Buch widme ich meiner Tochter Tony Sue.
Sie hat mich damals, als ich mir das Leben nehmen wollte,
mit ihrem Blick und ihren Worten wachgerüttelt –
sodass ich erschrocken umkehrte. Daraufhin habe ich mich
entschlossen, mir helfen zu lassen, mein Leben selbst
in die Hand zu nehmen – und meiner Tochter
die beste Mutter der Welt zu sein.

Vorwort von Hermann Scherer

Wie oft stehen wir im Leben an einem Ort, an dem wir gar nicht stehen wollen, in einer Situation, in der wir nicht sein wollen, auf einem Plateau, von dem wir längst herunterkommen wollten, oftmals sogar in einer Sackgasse – und all das auch noch hoffnungslos.

Dass so etwas im Leben geschieht, ist nicht schlimm. Dass wir uns damit abfinden, allerdings schon. Häufig finden wir uns mit einer Situation ab, nicht aus freier Entscheidung, sondern weil wir keinen Ausweg wissen und uns keine Lösung einfällt, Weil wir die Kraft oder die Hoffnung oder beides verloren haben oder weil uns irgendetwas fehlt.

Und manchmal sind wir erfolgreich und glücklich unterwegs und trotzdem fehlt uns etwas.

Dieses Irgendetwas liegt nun in deinen Händen. Der Schlüssel zu einem besseren oder erfüllteren Leben.

Denn egal, wo du stehst, egal wo du hinwillst, egal wie erfolgreich du bist, manchmal wünschen wir uns einen Schutzengel. Jemanden, der uns führt und begleitet.

Nun muss ich fairerweise gestehen, dass mir noch nie ein Engel erschienen ist. Zumindest nicht in Form eines Engels. Aber mir ist sehr wohl ein Engel in Form eines Menschen erschienen: Steffi Christian.

Und das Buch dieses Engels in Menschengestalt hältst du gerade in der Hand. Denn Steffi hat nichts anderes im Sinn, als dich nicht nur dahin zu begleiten, wovon du träumst, sondern auch noch viele Stufen weiter. Diese Frau und dieses Buch können ein Leben verändern – dein Leben.

Mit allen guten Wünschen
Hermann Scherer

EINFÜHRUNG

Von der Raupe zum Schmetterling – so bringst du dein Leben (wieder) auf die Erfolgsspur

Mein Start ins Leben war holprig, meine Kindheit zeitweise eine emotionale Achterbahn. Vielleicht habe ich gerade deshalb das Gleichnis vom Schmetterling als mein Leitbild gewählt. Schmetterlinge symbolisieren für mich so viel. Sie lehren uns eine Menge über den Weg durch das Leben bis hin zu dessen Erfüllung. Und wie ein Schmetterling habe auch ich einen tiefen transformierenden Prozess durchlaufen. Aus der Raupe wurde zunächst ein starrer und viel zu enger Kokon, der durch innere Entwicklung letztendlich aufbrach – und den schönen Schmetterling zum Vorschein brachte. Ich liebe dieses Bild, denn es beinhaltet alles, um die Metamorphose zur besten Version von uns selbst zu beschreiben.

Wir kommen als Raupe auf die Welt und kriechen mit unserem noch begrenzten Bewusstsein hier auf der Erde herum. Dabei nehmen wir alles auf, was unser Umfeld uns anbietet, und fressen es in uns hinein. Dieser Prozess währt so lange, bis wir so angefüllt sind, dass wir uns kaum noch bewegen können. Dann ist der Moment gekommen, in dem uns das Leben eine Pause gönnt – eine Gelegenheit zum Innehalten. Die Raupe beginnt, sich zu verpuppen. Das kann durch eine Lebenskrise, eine Erkrankung oder ein einschneidendes Ereignis geschehen. Auch ich habe all diese Phasen durchlebt, bis ich schließlich erschöpft und kraftlos auf meiner Couch landete. Doch gerade an diesem Tiefpunkt hat mir meine Tochter den Impuls zur Veränderung gegeben. Ihr verdanke ich, dass ich mich auf den Weg gemacht habe, die Kontrolle über mein Leben zurückzuerobern, mein Selbstwertgefühl aufzubauen und mein Inneres Kind zu heilen und zu lieben. Die Raupe hat sich durch viele intensive Prozesse in einen Schmetterling verwandelt. Heute schaue ich mit einem Lächeln auf die Raupe zurück, die ich einmal gewesen bin, während ich als fröhlicher Schmetterling in Leichtigkeit mein erfülltes Leben genieße.

Der Weg, den ich beschritten habe, war aber alles andere als leicht. Er erforderte harte Arbeit und tiefgreifende Veränderung. Ich musste mich meinen Wurzeln stellen, vor allem durch die Auseinandersetzung mit meinem Inneren Kind. Denn um nach meiner persönlichen Krise wieder in ein selbstbestimmtes Leben durchzustarten, musste ich mit meiner Vergangenheit ins Reine kommen.

Ich wuchs in relativ schlichten Verhältnissen in der DDR auf. Zudem fühlte ich mich meiner Familie nie so richtig zugehörig. Das begann schon damit, dass ich als Zwilling im

Bauch meiner Mutter die Abtreibung meines Geschwisterkinds miterleben musste. Das war mir aber lange Zeit überhaupt nicht bewusst. Auch nicht, dass der Mann, den ich viele Jahrzehnte lang mit »Vati« ansprach, gar nicht mein leiblicher Vater war. Meine ersten vier Lebensjahrzehnte waren unter anderem davon geprägt, dass ich mich klein, minderwertig und ungewollt fühlte und mich darüber hinaus nicht besonders schön fand. Bis ich – nachdem ich Selbstmordgedanken hatte –, einen Entschluss fasste: mir Hilfe zu holen und mein Leben radikal umzustellen. Ein Prozess, der bis heute andauert. Erst vor einigen Jahren habe ich Vieles von dem erkannt, was ich bis dahin eher unbewusst durchlebt und doch immer irgendwie gespürt habe. Ohne es zu wissen, habe ich gefühlt, dass ich nicht richtig in die Familie hineinpasse. Gewissheit darüber, dass ich von einem anderen Erzeuger abstamme, bekam ich allerdings erst mit 36 Jahren, als ich einen Speicheltest durchführen ließ.

Doch warum erzähle ich davon detailliert in diesem Buch? Es soll dir auf deinem persönlichen Lebensweg helfen und dir Mittel an die Hand geben, damit du den – nicht immer einfachen – Prozess von der Raupe zum Schmetterling mutig, selbstbewusst und mit Anmut und Leichtigkeit durchlaufen kannst.

Dazu empfehle ich jedem die Arbeit mit dem sogenannten Inneren Kind. Schließlich haben unsere Eltern uns alle während unserer gesamten Kindheit massiv beeinflusst. Wir waren abhängig und haben uns angepasst, um zu überleben; natürlich nicht immer so radikal wie in meinem Fall. Vieles im Leben sehen wir noch durch die Brille unserer damaligen Prägungen. Das Innere Kind ist also das kleine Kind, das wir einmal gewesen sind und das geprägt wurde.

Unbewusst sind diese Prägungen in uns geblieben, während wir herangewachsen sind. Mit dem Inneren Kind sollten wir daher wieder Kontakt aufnehmen. Es bewahrt unsere Träume, die uns bis heute antreiben, aber auch alte Wunden. Das Ziel der aktiven Rückverbindung mit unserem Inneren Kind ist, wieder die Macht über unser Leben zu bekommen. Es geht darum, das Innere Kind zu heilen, lieben zu lernen und zu wissen, dass wir wertvoll sind. So können wir dann wieder ganz anders »schwingen« und uns privat und beruflich mit Menschen umgeben, die uns guttun.

Was meine ich mit »schwingen«? Es bedeutet, dass wir alle wie eine Radiostation auf Sendung sind, unbewusst die Programme unserer Kindheit ausstrahlen und auf Grund dieser Schwingung mit Menschen in Resonanz gehen, die uns nicht immer guttun. Diese Schwingungen sind in unserem Unterbewusstsein gespeichert und haben eine unglaubliche Macht. Das Unterbewusstsein ist nämlich etwa 45.000-mal stärker als unser Bewusstsein. Darum dürfen wir lernen, die Gedanken der Vergangenheit zu transformieren. Denn die Prägungen aus unserer Kindheit haben ihre Spuren im unbewussten Teil unseres Systems hinterlassen. Zusammen mit den angestauten Emotionen, und häufig auch damit verbundenen Traumata, will das alles erlöst werden.

Diesen Weg bin ich gegangen und auf diese Reise möchte ich dich heute mitnehmen. Wie eine Raupe habe ich den Prozess der Metamorphose innerhalb des Kokons durchlaufen. Die undienlichen Glaubenssätze im Unterbewusstsein hielten mich so fest umschlossen, dass mir nur noch der Weg nach vorn blieb. Was für eine Raupe so viel bedeutet wie, sich komplett aufzulösen, das Alte hinter sich zu lassen und alles neu zu sortieren. Und genau das tat ich dann auch im übertragenen Sinne! Heute weiß ich, dass dieser Weg sich lohnt: Nur so können wir zu dem wunderschönen Schmetterling werden, der voller Freude über die Spielwiese des Lebens flattert.

Aufgrund meiner intensiven Erfahrungen kann ich heute Menschen authentisch coachen. Ich liebe es, andere dabei zu begleiten, sich selbst zu erkennen. Ich unterstütze sie dabei, zu entdecken, wie wertvoll sie sind, und sich wirklich glücklich und erfüllt zu fühlen. Dabei habe ich viele Parallelen zu mir gefunden. Denn, wie ich damals, sind es oft Menschen, die sich selbst nicht geliebt haben. Sie haben sich angepasst und verbogen, genauso wie ich. Unter anderem sind es Menschen, die zuvor an Panikattacken und Angststörungen litten und in tiefen Lebenskrisen steckten. Einige haben sogar ähnliche Tiefpunkte erlebt wie ich, aus denen ich mich mit viel Hilfe, Coachings, Trainings und Wissensaneignung wieder herausgearbeitet habe. Denn obwohl ich erfolgreich war – ich hatte zwei wie geschnitten Brot laufende Physiotherapiepraxen mit 19 Mitarbeitern – fühlte ich mich nach wie vor nicht besonders schön, sondern ziemlich klein.

Wahrscheinlich habe ich mir die Liebe, die ich in mir nicht gefunden habe, von außen über meine Arbeit geholt. Denn meine Patienten haben mich geliebt. Aber ich war im Opferdenken gefangen und habe unbewusst ausgestrahlt, was in mir angelegt war. Dadurch habe ich Menschen in mein Leben gezogen, die mir wieder und wieder meine Opferrolle bestätigt haben. Wenn wir uns beispielsweise wertlos fühlen und das nicht auflösen, dann ist es nur normal, dass wir mit Menschen in Resonanz gehen, die nicht wertschätzend mit uns umgehen. Doch es gibt einen Ausweg: Entscheidend ist, die Mechanismen zu erkennen, die uns in dieser Opferrolle gefangen halten. Wir sind nicht mehr das hilflose Kind von damals und können unser Leben selbst in die Hand nehmen. Das mag einfach klingen, doch die wenigsten tun es. Neben dem Prozess der Selbsterkenntnis gehören Disziplin, die richtigen Methoden, viel Liebe und das Sehen mit dem Herzen dazu.

In diesem Buch berichte ich davon, wie du dir nach Lebenskrisen die Geschenke des Lebens wieder bewusst machen und erkennen kannst, wofür all die dramatischen Ereignisse gut waren. Ich erzähle dir, wie ich aus dem Drama heraus und auf die Erfolgsspur gekommen bin. Dabei teile ich meine tiefsten Gedanken, intimen Momente und persönliche Erfahrungen – schließlich handelt es sich um meine Autobiografie. Von der Rolle des Opfers zur Schöpferin, von der angepassten Ossifrau zur selbstbewussten Powerkönigin. Die Bezeichnung »Ossi« spiegelt meine Wurzeln wider und hat in diesem Sinne keinerlei politischen Bezug für mich.

Denn wir sind nicht das Opfer unserer Geschichte, sondern unsere Geschichte ist unsere Stärke. Nur erkennen wir das in jungen Jahren oft noch nicht. Genau darum möchte ich dich dabei unterstützen, näher hinzuschauen. An den Beispielen in diesem Buch erkläre ich dir, wie du etwas umbewerten kannst, um den Segen und die Stärke in deiner eigenen Geschichte zu erkennen. Irgendwann merkte ich nämlich: »Hey, ich erlebe immer wieder dieselbe Schleife!« Das war wie in dem Film *Und täglich grüßt das Murmeltier!* Zum Beispiel zog ich unbewusst immer wieder einen bestimmten Typ Mann in mein Leben. Wie mein Stiefvater waren sie oft aggressiv, wenn sie betrunken waren. Irgendwann habe ich dann angefangen, vieles zu hinterfragen und mich neu auszurichten. Ich habe mir

Vorbilder gesucht, die glücklich waren, und habe sie ausgefragt, wie sie was tun, um es dann nachzuahmen. Ich habe mir schließlich auch einen Coach an meine Seite genommen, denn allein hätte ich es nicht geschafft, mein Leben um 180 Grad zu drehen.

Inzwischen mache ich das mit Leidenschaft selbst: Ich coache und liebe diese Tätigkeit von ganzem Herzen. Es erfüllt mich zutiefst, Menschen auf ihrem Weg zu begleiten. Durch meine Arbeit habe ich schon Zehntausende Menschen unterstützt und durfte miterleben, wie die Klickmomente in ihrem Leben unglaubliche Veränderungen ausgelöst haben. Viele sind dadurch jetzt in der Lage, ihr eigenes Leben bewusst zu gestalten. Und ich bin extrem demütig und dankbar dafür, dass meine aktuellen und ehemaligen Coachees nicht mehr unbewusst die Muster ihrer Eltern wiederholen. Sie haben die Begrenzung ihres Umfelds überwunden und erlauben sich, ihre eigene Wahrheit zu denken. Dadurch können sie wiederum ganz neue Erfahrungen sammeln, die sie sonst nicht gemacht hätten. Sie gestalten ihre eigene Realität nach ihren Vorstellungen.

Und wenn auch du glücklich sein willst, dann mach dir bewusst: Glücklich zu sein, ist eine Entscheidung. Es beginnt mit deiner Entscheidung für dich – genau jetzt. Erst dann kann die Neuausrichtung erfolgen und du kannst Gas geben und deine PS auf die Straße bringen.

Aber vielleicht kennst du auch diese Momente, in denen du mit einem Fuß auf dem Gaspedal stehst und gleichzeitig die Handbremse ziehst. Sicher kennst du diese Momente, in denen du hochmotiviert durchstartest und in die Veränderung gehen willst, aber ein unsichtbares Gummiband dich jedes Mal zurückzieht.

Mir ging es mal genauso und ich kann die Frustration darüber sehr gut verstehen. Vor vielen Jahren wollte ich meinem Leben ein Ende setzen, weil mir alles so schwer und sinnlos vorkam. Zum Glück gab meine Tochter mir einen guten Grund, es nicht zu tun, und es kam alles ganz anders. Ich traf damals Menschen, die mich an die Hand genommen und Schritt für Schritt aus dieser Situation herausgeführt haben. Ich habe unendlich viel gelernt, gelesen, Workshops und Seminare besucht, eine Vielzahl an Ausbildungen absolviert und meine eigenen Handbremsen gelöst. Daran hatte ich so eine Freude, dass ich mich dazu entschlossen habe, andere an meiner Freude teilhaben zu lassen. Aus all dem Gelernten habe ich mein eigenes Konzept entwickelt und unter anderem einen Onlinekurs erstellt. Inzwischen wurde das Leben Tausender Menschen durch die Vielzahl an Tools und Techniken bereichert, die mir zur Verfügung gestellt wurden. Und da sie für mich und andere funktioniert haben, bin ich überzeugt davon, dass sie auch dein Leben verändern können.

Ich erinnere mich an eine Zeit, in der ich nicht reich war, mich nicht geliebt, gesehen und gehört gefühlt habe. Ich habe mich meiner eigenen Familie nie richtig zugehörig gefühlt und habe mich angepasst und verbogen, um zu gefallen und geliebt zu werden. Heute aber bin ich voll und ganz glücklich! Im Jahr 2017 habe ich eine mutige Entscheidung getroffen und mich nebenberuflich als Coach selbstständig gemacht. Innerhalb weniger Monate habe ich den Beruf, den ich mehr als 35 Jahre lang ausgeübt hatte, nach und nach losgelassen, um meiner Berufung zu folgen. Heute befähige ich Menschen dazu, sich die Macht über ihr Leben zurückzuholen – und damit auch wieder das Leuchten und den Glanz in ihren Augen.

In den folgenden Kapiteln möchte ich dich auf eine transformierende Reise mitnehmen. Es wird eine Reise der Veränderung und des Wachstums, um dein Strahlen zurückzugewinnen. Gemeinsam erkunden wir, wie auch du dein Leben bewusst gestalten und dich von den Prägungen der Vergangenheit lösen kannst.

Mehr Informationen findest du auch auf meiner Website:
www.schmetterlingseffekt888lebensfreude.de

KAPITEL 1

Prägungen der Kindheit – und wie der Umgang damit Gegenwart und Zukunft bestimmt

Eine Reise in meine Vergangenheit

Meine Kindheit mag vielleicht nicht besonders rosig gewesen sein, doch im Rückblick finde ich auch viele schöne Momente darin. Was wir in unserer Kindheit erleben, prägt uns für unser gesamtes Leben. Und meine Kindheit wurde durch ein traumatisches Ereignis ziemlich früh erschüttert. Denn ich musste miterleben, wie mein Vater versuchte, meine Mutter umzubringen, indem er ihr ein Kissen aufs Gesicht drückte. So bin ich mit gerade einmal vier Jahren zu der unbewussten Überzeugung gelangt, dass das Leben gefährlich ist. Von da an habe ich mein Herz verschlossen und mir unbewusst die Frage gestellt: »Was muss ich tun, um zu überleben?« Die beste Antwort darauf war lange Zeit, dass ich mich bis zum Verbiegen anpasste.

Zudem spürte ich tief in meinem Inneren, dass ich nicht so richtig zu meiner Familie dazugehörte. Doch dass ich das Kind eines anderen Mannes war, erfuhr ich erst einige Jahrzehnte später. Wir hatten zwar alle keine offizielle Bestätigung, aber irgendwie hat es wohl jeder geahnt. Denn oft hörte ich negative Bewertungen über mich als Person, die ich unbewusst wie ein Schwamm aufgesogen und in mein Unterbewusstsein aufgenommen habe. Ich erntete einige Kommentare zu meinem Aussehen und viele flüchtig geäußerte Bemerkungen flossen ungefiltert in mein Unterbewusstsein. Daher nahm ich lange Zeit an, ich sei nicht besonders schön. Mein »Vati«, den ich so sehr liebte, kommentierte oft meine äußere Erscheinung. Einmal meinte er unverblümt: »Deine Sommersprossen gehen gar nicht. Wir lassen dir die Haut abziehen. Dann bist du drei Tage rot, doch dann wirst du wieder schön.« Unter diesen Voraussetzungen war es eine Herausforderung, ein starkes Selbstbewusstsein zu entwickeln. Nicht nur meine Haut, sondern auch meine dünnen Haare und meine Brille, die auf einer Seite zugeklebt war, wurden zum familiären Gesprächsthema.

Als Kind habe ich die Streitigkeiten meiner Eltern auf mich bezogen und dachte, mit mir müsse irgendwas nicht in Ordnung sein. So speichern viele von uns – so wie ich damals – unbewusst die Überzeugung ab: »Ich bin nicht richtig!« oder »Ich bin nicht gut genug.«

Und weil das Leben immer ein Spiegel unserer Innenwelt ist, ziehen wir aufgrund dieser Inhalte dann von außen auch genau das an, was als unbewusste Kernüberzeugung in uns schwingt. Die Prägungen unserer Innenwelt beeinflussen auf diese Weise unsere Wahrnehmung und dadurch auch unsere

Entscheidungen und Handlungen sowie die Realität, die wir uns erschaffen.

Dazu möchte ich dir folgendes Bild mit auf den Weg geben: Wärst du ein Handy, dann könntest du auch nur mit den Apps arbeiten, die vorher geladen worden sind. Von Transformation im Leben sprechen wir dann, wenn du dir neue Glaubenssätze und Verhaltensweisen herunterlädst. Genau wie bei einem Handy empfiehlt es sich, regelmäßig Updates durchzuführen, um auf dem neusten Stand zu bleiben und die besten Funktionen zu nutzen. Mit der entsprechenden Anleitung fällt das ganz leicht – aber wie viele Menschen haben schon frühzeitig genug Zugriff auf dieses Wissen?

Somit war ich damals einfach eines von fünf Mädchen in einem ganz normalen DDR-Haushalt, und die Spannungen und Konflikte meiner Eltern haben mich unbewusst geprägt. Unter den zerrütteten Verhältnissen habe ich massiv gelitten – und das nicht nur während meiner Kindheit. Jahrzehntelang habe ich dieses Muster unbewusst fortgesetzt, denn es definierte schließlich meine Komfortzone. Unser Körper hat die Aufgabe übernommen, uns immer wieder in unserer Komfortzone festzuhalten. Die bekannten Situationen sind zur Gewohnheit geworden, hier kennen wir uns aus, diese Umstände haben wir überlebt. Was für unser System als »bekannt« abgespeichert ist, wird mit »sicher« gleichgesetzt. Um Glück als »bekannt« abzuspeichern, hätten meine Eltern jedoch glücklich sein müssen. Wenn aber die Eltern nicht glücklich sind, haben die Kinder oft keine Chance, zu lernen, wie Glücklichsein geht. Und das ist hier keineswegs ein Vorwurf an die Eltern! Denn wie hätten sie mir zeigen können, wie Glücklichsein geht, wo sie es doch selbst nie gelernt haben?

Was in meiner Kindheit passierte, lag also nicht daran, dass sie schlechte Menschen gewesen wären, denn das waren sie nicht. Sie waren nur einfach zusammen nicht glücklich.

Heute erkenne ich in all diesen Erfahrungen die kostbaren Geschenke. Die Spannungen, der Mangel an Harmonie und die so nebenbei und unbewusst geäußerten Abwertungen aus meinem Umfeld, haben mich zu der Steffi gemacht, die ich heute bin. Ich habe meinen leiblichen Vater zwar nie persönlich kennengelernt, aber dafür war mein Stiefvater bis zu seinem Tod immer für mich da. Ich liebe und schätze ihn noch immer sehr. Und ich bin meinen Eltern, besonders meiner Mutter, die Gott sei Dank noch lebt, dankbar für das Leben, das sie mir ermöglicht haben. Denn durch meinen persönlichen Werdegang, kann ich heute ein erfolgreicher Life-Coach sein und durfte dadurch bereits Zehntausende Menschen auf ihrem Weg der Transformation begleiten. Jeden Tag bin ich aufs Neue demütig und dankbar, dass ich das tun darf!

Der Osten und ich als Anpassi-Ossi

1966 erblickte ich in der DDR das Licht der Welt. Der Begriff »Anpassi-Ossi« bezieht sich darauf, dass ich aus dem Osten komme. Ich habe keine Schwierigkeiten damit, ihn zu verwenden. Einerseits hilft er, meinen Hintergrund zu verdeutlichen und andererseits stehe ich einfach dazu. Denn ich habe mich lange Zeit für meinen sächsischen Akzent geschämt und wurde auch schon oft auf meinen Dialekt angesprochen. Alles, was ich hier teile, ist aber nicht gegen die DDR gerichtet. Denn es ging mir dort gut. In meiner Wahrnehmung hat mein angepasstes Verhalten nichts mit dem Staat zu tun, sondern ist direkt mit meinem persönlichen Hintergrund und den Erlebnissen aus meiner Kindheit verbunden gewesen.

Klar erlebten wir in dieser Zeit viel Mangel, denn bei uns gab es immer finanzielle Engpässe. Dabei stammte mein Vater eigentlich aus »besserem Hause« und hatte als Junge sogar ein Kindermädchen. Er war privilegiert aufgezogen worden und hatte dadurch einen völlig anderen sozialen Hintergrund als meine Mutter. Sie war nämlich ohne ihren Vater aufgewachsen, der irgendwann in den Western abgehauen war. Sie ist dann mit Angehörigen des fahrenden Volks mitgegangen und hat von ihnen gelernt und teilweise übernommen, wie das Leben so funktioniert. Meine Eltern hatten völlig verschiedene Voraussetzungen in ihr Gefäß geladen. Streit war programmiert. Daher war ihre Trennung auch nur eine Frage der Zeit.

Wegen der Erfahrungen in ihrer Kindheit hatte meine Mutter gelernt, sich Dinge auf eine besondere Art und Weise zu verschaffen. Bestimmte Verhaltensweisen waren deswegen vollkommen normal, sie hatte es ja nicht anders gelernt. Einmal hat sie sogar ein Fahrrad geklaut, während ich dafür Schmiere stehen musste. Damals hat sie bei der Bahn gearbeitet und auch mal aus den Güterwaggons ein paar Schuhe mitgehen lassen. Diese Ware habe ich dann in dem Betrieb, in dem mein Vater arbeitete, verkaufen müssen. Es war manchmal einfach kein Geld da und so musste meine Mutter eben klauen, damit wir etwas zu essen hatten. Auch als ich später etwas dazuverdiente, habe ich fast alles abgegeben.

Dennoch verurteile ich meine Mutter weder dafür, noch betrachte ich die damalige Situation als negativ. Ich teile diese Geschichte aus meiner Vergangenheit vor allem deswegen, weil ich möchte, dass die Menschen aufhören, ihre Eltern zu verurteilen. Mir liegt es sehr am Herzen, dass wir – unabhängig von unserer Herkunft, sei es aus dem Osten oder Westen oder von anderswo – uns stets bewusst machen: Oft handeln wir aufgrund dessen, was wir als Kinder gelernt haben. Unsere Handlungen entspringen den Verhaltensweisen, die tief in unserem Unterbewusstsein verankert sind. Mittlerweile habe ich verstanden, dass meine Mutter in ihrer Kindheit so geprägt wurde und eben ihren Prägungen entsprechend gehandelt hat. Daher kann ich sie heute nicht dafür verurteilen. Hätte meine Mutter es damals besser gewusst, hätte sie es auch besser gemacht. Ich bin meinen Eltern dankbar für meine Kindheit in der DDR. Ich schätze all die Lektionen und Erfahrungen, auch wenn diese Geschenke zunächst nicht als solche erkennbar waren. Manche Geschenke kamen einfach in Verkleidung oder unschön verpackt daher. Heute kann ich aus verschiedenen Perspektiven auf meinen bisherigen Lebensweg zurückblicken und in den Ereignissen die Handschrift der Liebe erkennen.

Verborgene Wunden der Kindheit: Die Entdeckung meiner wahren Herkunft

Den Ursprung und die eigenen Wurzeln zu kennen, ist wichtig für unser Selbstbild und prägt maßgeblich unsere Identität. Viele Jahre fehlten mir wichtige Informationen zu meiner Herkunft. Erst 36 Jahre später wurde schließlich offiziell bestätigt, was ich immer schon im Innersten gespürt hatte: Der Mann, der mich aufgezogen hatte, war nicht mein biologischer Vater.

Diese wichtige Information hat mir dabei geholfen, die Mosaiksteine meiner Kindheit zu einem schlüssigen Gesamtbild zusammenzufügen.

Als ich fünf Jahre alt war, spazierte ich mit meiner Mutter durch unsere Heimatstadt Taucha, eine Kleinstadt vor den Toren von Leipzig, als sie plötzlich an einer Litfaßsäule stehen blieb und sich mit einem Fremden unterhielt. Dieser geheimnisvolle Mann war ein Bäckermeister aus der Stadt. In meiner kindlichen Wahrnehmung wirkte er gebrechlich, ja, er wirkte auf mich sogar noch viel älter als er eigentlich war, da er ziemlich gebeugt und auf seinen Stock gestützt ging. Er war bereits 1905 geboren und somit wesentlich älter als meine Mutter, die in seiner Backstube gearbeitet hatte. So ergab sich eine Abfolge von Ereignissen, die schlussendlich zu mir führten – diesem sommersprossigen, süßen Mädchen. Erst viele Jahrzehnte später erkannte ich, wie bedeutungsvoll die damalige Begegnung für mich war. Denn es sollte das erste und zugleich letzte Mal sein, dass ich meinem leiblichen Vater gegenüberstand.

Erst im Alter von 40 Jahren bekam ich seine Sterbeurkunde überreicht und meine Mutter begann zu erzählen. Ich erfuhr von ihr: Der fürsorgliche Blick meines leiblichen Vaters hat mich all die Jahre begleitet. Lange Zeit hatte ich angenommen, dass er kein Interesse an mir gehabt hätte. Dabei war er es – und nicht der Ehemann – der dastand, als meine Mutter mit mir aus der Geburtsklinik kam. Er war es auch, der meiner Mutter ab und zu Geld für mich zusteckte. Einmal zum Beispiel überreichte er meiner Mutter 2000 Mark und sagte, mehr habe er gerade nicht. Diese Details zu erfahren, hat meine Wahrnehmung grundlegend korrigiert und mir ein völlig neues Bild von dem Mann vermittelt, der mein tatsächlicher Vater war.

Doch tief in unserem Inneren ist alles abgespeichert. In meinem Unterbewusstsein hatten sich längst fest verankerte Überzeugungen gebildet. Das Kind, das ich einmal gewesen bin, hatte schon vor langer Zeit die Annahme abgespeichert, es gehöre nicht wirklich dazu. Ich habe mich wertlos gefühlt und spürte unbewusst, dass in unserer Familie etwas nicht stimmte. Als Kind war das besonders schlimm und belastend für mich. Fremde Leute haben getuschelt, weil ich irgendjemandem ähnlich sehen würde. Sogar meine Schwestern meinten, ich könne nicht von »unserem Papa« sein. Erst im Jahr 2018 schenkte meine Mutter mir schließlich ein Bild von meinem leiblichen Vater, das sie aus einem Buch kopiert hatte. Es war ein Jahrbuch oder Jubiläumsbuch des Chors, in dem er gesungen hatte. Dieses Bild steht noch heute auf meiner Fensterbank.

Eines Tages bin ich übrigens an einem Haus in Taucha vorbeispaziert und bekam eine Panikattacke. Später stellte sich heraus, dass dort mein leiblicher Vater gewohnt hatte. Für mich zeigt das eindrücklich die Macht unseres Unterbewusstseins und welchen enormen Einfluss es auf uns ausübt.

Rückblickend erkenne ich, dass mich die Kindheit und die Ehe meiner Eltern maßgeblich geprägt haben, so wie es sicherlich bei jedem von uns der Fall ist. Ich habe vier Schwestern, und mit meinem Geburtsjahr 1966 befinde ich mich exakt in der Mitte der Geschwisterreihe. Mein Verhältnis zum Stiefvater war jedoch überhaupt nicht von der Tatsache geprägt und getrübt, dass ich ein Kuckuckskind war. Ich rechne ihm noch heute hoch an, dass er sich um mich gekümmert hat, wie es sich für einen Vater gehört. Er war Facharbeiter und hatte sich auf den Offsetdruck spezialisiert. In jungen Jahren war er Boxer gewesen und ging öfter in die Kneipe, vermutlich weil die Ehe nicht gut lief.

Er behandelte mich gut, kümmerte sich um mich, war liebevoll und gab mir viele gute und wohlmeinende Ratschläge. Jedoch hatte er auch eine aggressive und jähzornige Seite. Besonders unter Alkoholeinfluss konnte er wütend und gewalttätig werden. Gleichzeitig hat mein Vater mir Etikette und gutes Benehmen beigebracht und mir stets erklärt, wer und was gut oder weniger gut für mich sei. Tatsächlich prägt mich das teilweise bis heute und hat mich schon so manches Mal davon abgehalten, mich bedingungslos und vertrauensvoll auf Menschen einzulassen.

Wie ich mein Urvertrauen verlor

Der erste und größte Verlust in meinem Leben ereignete sich, noch bevor mein Leben eigentlich begann. Meine Mutter wusste während ihrer Schwangerschaft und viele Jahrzehnte danach nicht wirklich, wer mein Vater war. Sie ahnte und befürchtete, dass es nicht ihr Ehemann sein könnte und beschloss daher, das Leben, das unter ihrem Herzen heranwuchs, abtreiben zu lassen. In ihrer Verzweiflung ging sie damals zu einem Zahnarzt, der heimlich Abtreibungen durchführte, was damals in der DDR noch illegal war. Erst 1972 wurde der Schwangerschaftsabbruch in einem der weltweit ersten Gesetze dieser Art legalisiert. Doch 1966 war es längst noch nicht so weit und in solchen Fällen musste man in der Regel zu einem Kurpfuscher gehen. Bei diesen amateurhaften Eingriffen ging oft etwas schief; es gab viele Tote.

Der Arzt, den meine Mutter aufsuchte, hat mit einem »Instrument« – oft war es eine Stricknadel – in ihr herumgefuhrwerkt, anders kann man es kaum sagen, und das Kind herausgeholt, ja er zeigte ihr den Fötus sogar. Nach dem Eingriff verließ sie die Praxis mit dem Gefühl, nicht mehr schwanger zu sein, bis sie nach ein paar Wochen merkte, dass sie immer noch in anderen Umständen war: Sie war mit einem zweiten Kind schwanger, nämlich mit mir!

Jedoch hatte ich über viele Jahre hinweg überhaupt keine Ahnung von diesem traumatischen Ereignis, das sich vor meiner Geburt abgespielt hatte. Meine Mutter hat dieses Geheimnis gut gehütet. Doch als ich Anfang 30 war, kam ich von selbst darauf: Ich nahm an einer cranio-sacralen Sitzung teil, bei der man ins Unterbewusstsein schauen kann. Ich lag dabei auf dem Boden und hatte plötzlich das ungute Gefühl, mich ganz lang und dünn machen zu müssen. Plötzlich tauchte vor meinem inneren Auge das Bild auf, wie jemand versuchte, mich mit »dieser Stricknadel« aus dem Bauch meiner Mutter herauszuangeln – stattdessen jedoch mein Geschwisterchen ergriff. Völlig perplex habe ich daraufhin meine Mutter auf das Thema angesprochen und erst zu diesem Zeitpunkt erzählte sie mir von der Abtreibung.

Der Schock saß tief. Und trotzdem wäre es mir im Traum nicht eingefallen, meine Mutter dafür zu verurteilen. Ich liebe meine Mutter und meine Liebe zu ihr blieb dadurch unverändert.

Schließlich ist auch das ein Grundsatz meiner heutigen Lehren: Bewusst in der Rolle des Beobachters zu sein und frei von Bewertungen zu bleiben. Ich bin überzeugt davon, dass jeder von uns seinen eigenen Seelenplan und seine damit verbundenen Lernaufgaben hat.

Daher erzähle ich bewusst von dieser erschreckenden und gleichzeitig sehr intimen Episode meiner frühesten Lebensphase. Denn durch dieses Wissen wurde mir einiges klar.

Dieses Erlebnis hatte einen so starken Einfluss auf mein späteres Leben, dass es für mich fest zu meiner Biografie gehört. Ich erkannte, dass ich mich bereits im Mutterleib mit Todes- und Verlustängsten auseinandersetzen musste. Diese Erkenntnis hat mir dabei geholfen, alle darauffolgenden Ereignisse nachzuvollziehen und zu verstehen, wie unter anderem die Angst vor Bindung und Kontrollverlust entstanden sind. In meinen ersten Erfahrungen hatte ich miterlebt, wie jemand, der zuvor neben mir war, plötzlich aus dem Leben gerissen wurde und mich allein zurückließ. Zusätzlich spürte ich die verzweifelten Gefühle meiner Mutter und fühlte mich mit all dem völlig überfordert und alleingelassen. Wie ein brodelnder Vulkan brachten diese angestauten Emotionen Aschewolken in mein Leben und ich blickte lange Zeit nicht mehr durch. Das wohlig warme Gefühl von Geborgenheit war jedenfalls verschwunden. Mein Urvertrauen war erschüttert und ich hatte jegliches Vertrauen in das Leben verloren. Über viele Jahre suchte ich nach Sicherheit, indem ich versuchte, alles zu kontrollieren.

Die prägendste Nacht meines Lebens

Wie zuvor die heile Welt im Mutterleib, endete auch meine Kindheit sehr abrupt. Im Alter von gerade einmal vier Jahren wurde ich mitten in der Nacht von Gebrüll geweckt. Ein lautstarker Streit riss mich aus dem Schlaf und erschütterte mein Kinderherz. Die brutale Auseinandersetzung ging mir durch Mark und Bein, sodass ich am ganzen Körper zitterte. Ich kann mich an viele Details aus dieser Nacht noch glasklar erinnern. Meine Mutter schrie, mein Vater tobte und ich rannte aus dem Kinderzimmer ins Schlafzimmer, um dann Zeuge zu werden, wie mein Vater ein Kissen auf das Gesicht meiner Mutter presste, die wild um sich schlug. »Mutti, Mutti! Vati, Vati!«, schrie ich. Aber sie hörten mich nicht. Mein Vater hatte getrunken und brüllte Sätze, die noch lange Zeit in mir widerhallen sollten: »Ich übergieße dich mit heißem Wasser. Ich spritze dir Salzsäure ins Gesicht.«

In Panik rannte ich die Treppe hinunter auf die Straße hinaus in die Nacht, um dort um Hilfe zu rufen. Ein Taxifahrer war so gnädig, mit seinem Auto anzuhalten und mir zuzuhören: »Hilfe, Hilfe. Mein Vati bringt meine Mutti um«, schrie ich unter Schock. Dieser Mann alarmierte umgehend die Polizei. Mein Vater wurde abgeführt, während ich fassungslos auf seine aufgeplatzten Lippen und sein blutbeflecktes Unterhemd starrte.

Das war der Moment, in dem meine Kindheit endete. Dieses traumatische Erlebnis prägte mich tief, und meine unbewussten Reaktionen darauf beeinflussten mein Leben stark. Ohne es zu wissen, habe ich etwas im Unterbewusstsein abgespeichert, das mir erst 50 Jahre später bewusst geworden ist. Dazu gehören zum Beispiel Sätze wie »Männer sind gefährlich!«. Die Auswirkungen waren vielschichtig. Beispielsweise wurde mein Auto für mich zum Symbol für Sicherheit, weil es mich unbewusst an das rettende Taxi erinnerte.

Und so ist das Unterbewusstsein zu verstehen: Es speichert alles ab! Die Tageszeit, ob es Licht gab oder Dunkelheit, den Tag davor, den Tag danach. Einfach jegliche Begebenheit wird eingespeichert, wie zum Beispiel lautes Geschrei oder ob Alkohol mit im Spiel war. All das bildet dann unsere Komfortzone. Denn unser Körper hat die Aufgabe, uns immer wieder in der vertrauten Zone zu halten, weil wir uns darin auskennen und darin überlebt haben. Das bedeutet, wenn ich im Unterbewusstsein abgespeichert habe, dass »Männer gefährlich und böse sind«, werde ich mir unbewusst immer wieder solche und ähnliche Männer in mein Leben ziehen, bis mir das bewusst wird. Erst viel später habe ich viel über die Entwicklung des Unterbewusstseins gelernt und nach und nach die Zusammenhänge erkannt.

Diese Mechanismen des Unterbewusstseins waren über einen langen Zeitraum aktiv und haben meine Entscheidungen und Beziehungen stark beeinflusst. Die versteckten Wunden meiner Kindheit wirkten lange Zeit unbemerkt in mir nach, bis ich schließlich erkannte, dass die Erfahrungen meiner Vergangenheit einen großen Einfluss auf mich hatten. Denn irgendwann, viele viele Jahre nach den Ereignissen, wird das Ganze ins Bewusstsein hochgeholt, oft in einem Moment, in dem wir es nicht erwarten. Irgendjemand drückt auf einen bestimmten Knopf und plötzlich kommt alles wieder hoch. Mit der Zeit war ich bereit, genauer hinzuschauen und zu verstehen, welche Knöpfe bei mir gedrückt wurden und warum. So habe ich nach und nach erkannt, dass mich meine Erlebnisse geformt und zu der Person gemacht haben, die ich heute bin. Meine transformative Reise voller Klickmomente hat mich letztlich zu meiner Berufung als Life-Coach geführt. Durch meinen jahrelangen Weg der Selbsterkenntnis und Transformation kann ich heute andere auf ihrem Weg der Veränderung unterstützen.

Doch bis ich all das erkennen durfte, erlebte ich noch eine ganze Menge Herausforderungen und »Dummheiten« in meinem Leben. Erst viel später konnte ich diese Erfahrungen in wertvolle Erkenntnisse und Weisheit umwandeln. Inzwischen habe ich begriffen, dass meine Eltern immer ihr Bestes gegeben haben.

Ich liebe meinen Vater trotz allem heute, obwohl er längst verstorben ist. Ich habe ihm vergeben. Mit der Zeit konnte ich jenes einschneidende Erlebnis und die damit verbundenen Schrecken in vielen Coaching-Sessions aus unterschiedlichen Blickwinkeln beleuchten. Ich hatte dadurch die Möglichkeit, die damalige Situation unter verschiedenen Aspekten zu betrachten. So ist mir mehr und mehr bewusst geworden, dass es in solchen Momenten nie einfach nur »das Opfer« oder »den Täter« gibt. So sage ich noch heute häufig den Satz: »Es gibt immer einen, der macht und einen, der machen lässt.« Mir ist bewusst, dass dieses Thema sehr komplex ist. Aber im Rückblick erkenne ich heute, dass meine Mutter in dieser Zeit nicht nur Opfer, sondern auch Täterin war, weil sie damals fremdgegangen war. Das rechtfertigt den Vorfall natürlich keineswegs. Allerdings habe ich im Laufe der Jahre erkannt, dass es niemals um Schuld geht, sondern um Ursache und Wirkung. Die tieferen Ursachen liegen oft in unserer Innenwelt verborgen. Ich habe gelernt, dass es nicht darum geht, Schuld zuzuweisen, sondern darum, die tieferen Ursachen zu erkennen und Verständnis aufzubauen. Das ermöglicht uns, wirklich loszulassen und uns neu auszurichten.

Ein weiterer Wendepunkt in meinem Leben fand 1972 statt, als sich meine Eltern scheiden ließen. Zu dieser Zeit war ich sechs Jahre alt und meine jüngste Schwester gerade mal zwei Jahre. Mein Vater ist bald darauf mit einer anderen Frau zusammengekommen. Von diesem Zeitpunkt an durften wir immer zweimal Geburtstag feiern. Dass das aber keine Freudenfeste waren, kann man sich bei zwei Mal jeweils fünf Kindergeburtstagen pro Jahr sicherlich denken. Unsere Stiefmutter weigerte sich, mit meiner Mutter an einem Tisch zu sitzen, während meine Mutti den Vater mied wie die Pest. Sie hat aus ihrem offenkundigen Hass kein Geheimnis gemacht. So lebten wir in einer Atmosphäre der Trennung statt der Verbindung. Angesichts der jahrelangen Konflikte, die in dieser einen besagten Nacht ihren Höhepunkt gefunden hatten, war das kaum verwunderlich.

Frohe Zukunft?

Einige weitere prägende Momente meiner Kindheit möchte ich hier noch näher beleuchten. Als ich elf Jahre alt war, musste ich zusammen mit einer meiner vier Schwestern für drei Monate in ein Kinderheim in Großpösna bei Leipzig. Der Grund dafür war: Meine Mutter, nun alleinerziehend, wurde damals in einer psychosomatischen Klinik behandelt. Als wäre das nicht genug, wurde ich während dieser Zeit im Kinderheim auch noch in ein Kinder-Kurheim namens »Frohe Zukunft« in Wiek auf Rügen geschickt. Der Name täuschte, denn dieser Aufenthalt war alles andere als eine erfreuliche Reise in die Sommerfrische.

Zurück im Heim waren die Betreuer in meiner Wahrnehmung wenig einfühlsam oder fürsorglich. Sie konnten überhaupt nicht auf uns und unsere Bedürfnisse eingehen. Ich fühlte mich nicht gesehen. Zudem gab es eine Nachtschwester, bei der wir auf Knopfdruck antreten mussten, um auf Toilette zu gehen. Für sie war ich nur eine Nummer, und die Menschen dort schienen nur Dienst nach Vorschrift zu kennen. Noch unangenehmer wurde es für mich, als sie mir Unterwäsche mit einer Öffnung für Jungen statt Mädchenunterwäsche gab. Ich habe mich fürchterlich dafür geschämt.

Eines der schlimmsten Erlebnisse für mich war, dass wir dort unsere eigenen Kleidungsstücke nicht tragen durften. Stattdessen bekamen wir furchtbare Klamotten gestellt, darunter grün-braun-orange gestreifte Windjacken. Das war wie eine Art Uniform und ich fühlte mich fast wie im Gefängnis. Es entsprach so ganz und gar nicht meinem Schönheitsideal.

Das Kinderheim hatte keine eigene Schule, es war zu klein dafür. Stattdessen wurden wir in die örtliche Schule geschickt. Dort gehörte ich als Heimkind ohnehin schon zu den Außenseitern, und die lächerlichen Uniformen machten die Situation nicht besser. Selbst die Tatsache, dass alle Heimkinder die gleiche Kleidung tragen mussten, half nicht. In meiner Klasse war ich schließlich die einzige aus dem Kinderheim. Im Sportunterricht schämte ich mich, weil die Hemden in einem so trüben Grauton waren und Spaghettiträger hatten, die ich wirklich hasste. All das machte die ohnehin schon unerträgliche Situation für mich noch schlimmer.

Verständlicherweise sackten mein sowieso geringes Selbstwertgefühl und meine schulischen Leistungen in dieser Zeit in den Keller. Zuhause hingegen war ich die Klassenbeste gewesen, war allseits beliebt und meinen Mitmenschen gegenüber freundlich und aufgeschlossen.

Die drei Monate im Kinderheim fühlten sich wie eine halbe Ewigkeit an. Ich fühlte mich gedemütigt, zog mich immer weiter in mich selbst zurück und fiel regelrecht in mich zusammen. Ja, ich habe mich weggeduckt und in meiner Verzweiflung ein Ventil für die angestauten Gefühle gesucht. So gab es im Kinderheim einen Aufenthaltsraum für die Pausen und dort schoss ich mit einem Gummi die Fliegen ab, um meinen Frust abzureagieren. Mit der Zeit wurden das so unfassbar viele Fliegen, dass ich sie in einer Blumenvase sammelte und aufbewahrte.

In unserem Mehrbettzimmer saß ich oft für mich allein und weinte. Aber da war niemand, den das hätte interessieren können. Und ich könnte heute noch anfangen zu heulen, wenn ich daran denke, wie wir nachts vor der Toilette antreten mussten. Wie gern hätte ich der Kleinen damals gesagt, dass sie geliebt wird und wunderbar und wertvoll ist. Doch erst Jahrzehnte später sollte dieses Ereignis an die Oberfläche getriggert werden, um vollständig in Heilung zu kommen.

Vor und zum Glück auch nach meiner Zeit im Kinderheim war ich sehr gut in der Schule, oft sogar Klassenbeste. Wahrscheinlich hätte ich sogar Abitur machen können. Während dieser Zeit hatte ich zwar noch keinen stark ausgeprägten Berufswunsch, konnte mir aber vorstellen, Medizinerin zu werden. Meine Eltern, besonders mein Stiefvater, hatten jedoch andere Pläne für mich. Sie meinten, ich solle eher eine Ausbildung wählen, mit der ich sofort Geld verdienen kann – später könne ich immer noch studieren. Diese Einstellung war in der DDR weit verbreitet. Im Jahr 1983 habe ich also meine Ausbildung zur Physiotherapeutin an der Medizinischen Fachschule in Leipzig gemacht und nach meiner Lehre begann ich, in der Poliklinik in Taucha zu arbeiten.

Das geschah nicht vollkommen auf eigene Initiative, denn meinen Eltern lenkten mich sanft in diese Richtung. Doch das traf genau den Puls der Zeit und fand damit auch bei mir großen Anklang. Besonders die Fernsehserie »Das Krankenhaus am Rande der Stadt« war zu dieser Zeit sehr beliebt. In der Serie gab es auch die Figur einer Physiotherapeutin, die sich in einen ihrer Patienten verliebte. So konnte ich mir diese Berufswahl gut vorstellen und sie passte zudem hervorragend meinem damals stark ausgeprägten Helfersyndrom. Im Rückblick erkenne ich, dass dort schon der rote Faden in meinem Lebensweg zu sehen war, der mich schließlich zum Coaching geführt hat. Im Laufe der Jahre habe ich durch meine Arbeit als Physiotherapeutin ein tieferes Verständnis für die Zusammenhänge zwischen Psyche und Körper entwickelt.

Als dann im Mai 1991 nach der Wende in der DDR und der Wiedervereinigung die Poliklinik aufgelöst und alle Mitarbeiter entlassen wurden, beschloss ich spontan, mich als Physiotherapeutin selbstständig zu machen. Ich war eine Macherin und habe alles Stück für Stück vorangebracht. Ich mietete also kurzerhand die Außenstelle der ehemaligen Poliklinik an und konnte auch die Geräte von dort günstig übernehmen. Im Laufe der Zeit tauschte ich sie, wann immer es finanziell möglich war, gegen hochwertigere Modelle aus. Mein Fokus lag immer darauf, zu investieren und die Wertigkeit zu erhöhen, und es lief richtig gut.

Fünf Jahre später, im September 1996, eröffnete ich ganz unverhofft eine weitere Praxis in Taucha. Auslöser dafür war ein Streit mit dem Vermieter meiner damaligen Praxis. Ein Hilfsarbeiter, den ich wie immer gebeten hatte, die Hecke zu schneiden, hatte einen Rhododendron maßlos verschnitten, der fast nicht mehr wiederzukennen war und wirklich nicht mehr schön aussah. Mein Vermieter war außer sich vor Wut. Ich fühlte mich überfordert und sah keine Lösung. Der Konflikt ging fast bis vor den Anwalt. Statt mich weiter diesem Streit auszusetzen und für meine Interessen einzustehen, hielt ich nach einem neuen Standort Ausschau. Ich fand ein passendes Gebäude in Taucha und entschied mich zum Kauf. Während ich mich auf den Umzug vorbereitete, beruhigte sich die Situation mit dem Vermieter meiner alten Praxis. Nun wiederum hatte ich Sorge, dass jemand den alten Standort übernehmen könnte, sobald ich umgezogen war. Daher entschied ich mich, am neuen Standort eine zusätzliche Praxis zu eröffnen. Auf diese Weise kam ich zu meiner zweiten Praxis.

Mit dieser größeren Verantwortung ging auch eine Menge Druck einher. Das war grundsätzlich in Ordnung, da ich meine Arbeit liebte. Allerdings habe ich mich selbst dabei vergessen und mich stets zuletzt bezahlt. Mein stark ausgeprägtes Helfersyndrom in Verbindung mit der Angst, ich könnte es nicht schaffen, den Erwartungen aller gerecht zu werden, nagten täglich an mir.

KAPITEL 2

Heranwachsen und Erwachsensein: Wie diese Phasen unser Leben prägen – und sich Wunden und Verletzungen später heilen lassen

Toxische Beziehungen

Grundsätzlich ging es mir im Osten gut. Allerdings war ich eher angepasst und hinterfragte die Dinge selten. Wie so viele andere auch, achtete ich darauf, was ich sagen kann und was nicht. Das hatte mein Vater, mein Stiefvater, mir von Anfang an eingebläut: »Sag nicht alles, was du weißt. Aber wisse immer, was du sagst.« Tatsächlich hat mein Vater mein Weltbild, meine Sicht auf Männer und auch mein Selbstbild viel stärker geprägt, als mir damals bewusst war.

Es gibt eine Theorie – und ich bin ein perfektes Beispiel dafür – dass wir uns bei der Partnersuche unbewusst am Vorbild unserer Eltern orientieren. In Kombination mit meinem traumatischen Kindheitserlebnis führte dies dazu, dass ich mich über viele Jahre hinweg von Männern angezogen fühlte, die viel tranken und in betrunkenem Zustand oft gewalttätig wurden. Obwohl ich lange Zeit selbstständig und unabhängig war, habe ich in meinen Beziehungen immer wieder dieselben Muster erlebt, die ich bereits von meinen Eltern kannte.

Meine Beziehungen waren oft kompliziert, weil ich unbewusst aus diesen alten Mustern heraus agierte. Gern gebe ich ein Beispiel: Im Jahr 1991 habe ich mich selbstständig gemacht. Ein Jahr zuvor hatte ich zum ersten Mal geheiratet. Wie die vorherigen Beziehungen stand auch diese unter keinem guten Stern. Eigentlich war ich in einen anderen Mann – meine große Jugendliebe – verliebt, habe mich aber überhaupt nicht getraut, zu meinen Gefühlen zu stehen. Es war ein großes Hin und Her der Gefühle und ich war völlig überfordert damit, »die richtige Wahl« zu treffen. Als meine Jugendliebe merkte, dass ich mich nicht entscheiden und zu ihm stehen konnte, zog er sich zurück.

Da stand ich nun mit gebrochenem Herzen und fragte mich, ob mich überhaupt jemals jemand heiraten würde. Mein damaliger fester Freund war gerade von seiner Arbeit an der Trasse zurückgekommen und ich schüttete ihm mein Herz aus. Doch statt mich sitzen zu lassen, schlug er überraschenderweise vor, wir sollten ganz einfach heiraten. Vielleicht würde das ja unsere Beziehung stärken.

Natürlich war das ein wenig durchdachter, chaotischer Start. Das konnte nicht gut gehen. Bereits 1993 ließen wir uns wieder scheiden. Wieder einmal bestätigten sich dieselben Muster, wie bei allen Männern, die ich zuvor kennengelernt hatte. Ich war einfach nicht bei mir angekommen und liebte mich selbst nicht.

Erst sehr viel später begriff ich: Liebe dich erstmal selbst, dann ist es egal, wen du heiratest.

Eine ganz andere Erfahrung machte ich in meiner zweiten Ehe mit dem Vater meiner Tochter. Er war tatsächlich – wie in meiner Lieblingsfernsehserie – ein Patient aus meiner Praxis. Er wirkte auf mich »lieb und nett«, fast schon zu sanft im Vergleich zu den Männern, die ich bisher kennengelernt hatte.

Im Jahr 1996 kamen wir zusammen und heirateten erst 2001 – ich war vorsichtiger geworden. Unsere Beziehung endete 2007. Einer der vielen Trennungsgründe war, dass ich mit seiner viel zu charmanten Art einfach nicht klarkam. Das Leben an seiner Seite schien zu perfekt, fast schon langweilig und die so sanfte Art irritierte mich, da ich so ein Verhalten von Männern ja bis dahin überhaupt nicht gekannt hatte. Mein System signalisierte mir wiederholt, ich könne dem Ganzen nicht trauen. Denn in den Jahren zuvor war ich mehrfach sexuell missbraucht worden und traute Männern nicht mehr über den Weg.

Sexueller Missbrauch und Vergewaltigung

Mehrmals im Leben wurde ich Opfer von Vergewaltigungen, davon wiederholt von meinem Schwager. Damals blieben meine Schwester und ihr Ehemann zu Besuch auch über Nacht. Bei einigen dieser Gelegenheiten hat er mich unsittlich berührt, mich ohne jede Scham und ohne mein Einverständnis angefasst und schließlich vergewaltigt. Er stand oft unter Alkoholeinfluss und ging vermutlich davon aus, ich würde niemals jemandem etwas davon erzählen, geschweige denn ihn gar anzeigen. In diesem Punkt hatte er sich aber geirrt. Denn ein Jahr später fasste ich den Mut, es meiner Schwester zu erzählen. Daraufhin reichte sie die Scheidung ein. Die erste Vergewaltigung hatte ich allerdings bereits mit 16 Jahren nach einem Discobesuch erlebt. Es passierte innerhalb meiner damaligen Clique. Wir hatten alle viel Alkohol getrunken und waren anschließend bei einem von uns zu Hause gelandet.

Mir ist bewusst, dass ich bei meiner folgenden Einschätzung viel Widerspruch erfahre. Wenn ich heute auf die sexuellen Übergriffe zurückschaue, erkenne ich das Muster. Ich schien das »perfekte Opfer« zu sein. Heute bin ich davon überzeugt, dass ich durch meine eigene unbewusste Ausstrahlung einen gehörigen Anteil daran hatte. Denn all diese Männer waren durchaus auch liebevolle Menschen mit tollen Eigenschaften. Diese schwerwiegenden Verfehlungen machten nur einen Anteil ihrer Persönlichkeit aus. Es zeigt nicht ihre gesamte menschliche Prägung, sondern nur einen Aspekt. Aus diesem Grund gehe ich davon aus, dass jeder dieser Männer selbst mangelndes Selbstbewusstsein in sich trug, und ich sie unbewusst in mein Leben zog. Gleiches zieht ja bekanntlich Gleiches an. Wenn wir uns wertlos fühlen, schwingen wir auf einer niedrigen Frequenz. Das könnte erklären, warum diese Täter sich von mir angezogen fühlten. Im Umkehrschluss bedeutete das aber auch: In dem Moment, in dem ich mir meine Macht zurücknahm, war ich kein Opfer mehr. Ich lernte mit der Zeit bewusst Grenzen zu setzen und konnte für mich einstehen.

Dabei möchte ich klarstellen: Das ist ausschließlich eine Erklärung für das, was mir wiederfahren ist. Ich sage hier keineswegs, dass andere Opfer eine Mitschuld tragen, da ich in diesem Buch nur von meinen Erlebnissen und Wahrnehmungen rede. Ohnehin geht es auch nicht um Schuldzuweisungen, sondern nur darum, das große Ganze zu verstehen. Wir alle gehen ja vom Unbewussten ins Bewusste und ich glaube ganz fest an Seelenverträge. So glaube ich, dass wir nicht zufällig mit bestimmten Personen inkarnieren, sondern uns in verschiedenen Leben immer wieder treffen.

Ich möchte hier nichts kleinreden oder beschönigen. Nach dem Vorfall fühlte ich mich schmutzig und erniedrigt und wollte die Sache nicht öffentlich ausbreiten. Doch genau darauf setzen ja die meisten Täter. Sie gehen davon aus, dass die Opfer ihre Klappe halten, was bei mir im ersten Fall ja auch so passiert ist. Erst später wurde mir bewusst, dass ich zur damaligen Zeit ein »williges« Opfer war. Ich habe jedoch daraus gelernt und auf den Vorfall mit meinem damaligen Schwager immerhin ein Jahr später anders reagiert und mich meiner Schwester anvertraut. Heute wage ich es nicht, ein Urteil über diese Menschen zu fällen, denn wenn man das Thema genauer betrachtet, findet man viele Opfer. Jeder Täter ist auf die eine oder andere Weise selbst einmal Opfer gewesen – und der Kreislauf lässt sich nur unterbrechen, indem man dieses Spiel nicht mehr mitspielt. Ich war bereit, Verurteilungen und Bewertungen loszulassen und habe allen vergeben, denn heute erkenne ich die verletzten Anteile in jedem von ihnen.

Ein weiteres Mal, nach der Wende, blieb es glücklicherweise nur bei einem versuchten sexuellen Übergriff. Ich kam wieder einmal aus der Disco und überquerte einen Platz mit einer Straßenbahnendhaltestelle, der mir auf dem Nachhauseweg schon öfter als Abkürzung gedient hatte. Plötzlich stellte sich mir ein Polizist in den Weg. Allerdings nicht in seiner Rolle als Freund und Helfer, es gab auch keinen Anlass dazu. Ich war nicht in Gefahr, sondern wollte lediglich auf schnellstem Wege nach

Hause, denn es war Winter, es war kalt und es schneite. Glücklicherweise konnte ich davonlaufen und mich in einem Hof vor ihm verstecken. Ich erinnere mich noch an seine widerliche Erscheinung, völlig betrunken und ekelhaft schnaufend.

Seit diesem Vorfall hatte ich jede Achtung vor Männern verloren. Das war definitiv nicht das sogenannte »starke Geschlecht«, das mir als Frau das Gefühl gegeben hätte, behütet und geschützt zu sein.

In undienlichen Schwingungen

Ich befand mich also in einer Opferrolle und zog innerhalb und außerhalb von Beziehungen wieder und wieder einen ähnlichen Schlag von Männern an. Selbst auf dem Heimweg nach nächtlichen Discobesuchen fühlte ich mich nicht sicher. Der Grund dafür war, dass ich auf eine bestimmte Art und Weise schwang. Diese Erkenntnis trifft meiner Ansicht auf jeden Menschen zu und kann auch auf viele Lebensbereiche und Situationen übertragen werden. Unsere Schwingung zieht wie ein Magnet wiederholt bestimmte Situationen in unser Leben. In meinem Fall war es das, was ich als Kind über das Leben und vor allem über Männer gelernt hatte. Selbst wenn etwas falsch, toxisch oder gefährlich war, haben wir es tief in uns abgespeichert und es ist in unserem Unterbewusstsein verschwunden, ohne dass wir darauf direkt zugreifen können. Unsere Schwingung ist also von unseren frühesten Erfahrungen geprägt und unser Unterbewusstsein hat die Aufgabe, uns in dieser vertrauten »Sicherheitszone« festzuhalten. Etwas, das wir gewohnt sind und das wir unbewusst kennen, vermittelt uns das trügerische Gefühl von Sicherheit.

Unbewusst ziehen wir also das an, womit wir uns auskennen. Ich zum Beispiel hatte als Kind die Erfahrung gemacht, dass Männer viel getrunken haben, eher schwach waren und sich selbst nicht liebten. Das war mir vertraut, es war die Sorte von Mann, auf die ich energetisch ausgerichtet war. Bereits als kleines Kind wusste ich genau, wie ich reagieren musste, um in diesem Umfeld zu überleben. Ich habe mich angepasst und verbogen und behielt dieses Verhalten über viele Jahre bei. Das machen wir alle, und zwar ohne es bewusst zu bemerken. Wir tun es so lange, bis wir das Muster erkennen. Erst mit dieser Erkenntnis kann wirkliche Veränderung beginnen. Denn erst als mir auffiel, dass ich bereits das dritte, vierte, fünfte Mal den gleichen Typ Mann in mein Leben gezogen hatte – jemanden, der mir nicht guttat und der mich nicht glücklich machte – begann ich, das Ganze zu hinterfragen. Dadurch bin ich zur Persönlichkeitsentwicklung gekommen und habe nach und nach verstanden, was das alles mit mir zu tun hat. Dabei wurde mir Schritt für Schritt bewusster, dass wir immer von innen nach außen kreieren. Außen erleben und sehen wir nur, was in uns vorhanden ist und mitschwingt.

Wir sind also die Summe der Gedanken und Glaubenssätze unserer Eltern – und das trifft auf jeden von uns zu, ob wir es wahrhaben wollen oder nicht. Doch was passiert, wenn wir plötzlich jemanden kennenlernen, der völlig anders ist als alle anderen? Was geschieht, wenn unsere Konditionierung aus der Vergangenheit auf einen Menschen trifft, der nicht den alten Mustern entspricht?

Plötzlich hatte ich in meiner zweiten Ehe einen netten Mann an meiner Seite, der so ganz anders war als meine früheren

Partner. In meinem Überlebensprogramm war aber unbewusst angelegt: »Männer sind gefährlich und böse.« Mein Unterbewusstsein war nach wie vor darauf geeicht, wie ich zu reagieren hatte, damit ich nicht »sterben« musste.

Was also tat ich? Ich wies ihn immer wieder zurück und schob ihn unbewusst von mir weg. Denn einen so netten Menschen konnte ich gar nicht ertragen. Mein System meldete immer wieder: »Error! Error!«

Es schien zu schön, um wahr zu sein, weil ich nicht daran gewöhnt war. Er war ausgesprochen sympathisch, trank nicht, schrie mich nicht an und schlug mich auch nicht. Doch mein Unterbewusstsein konnte das nicht verstehen und reagierte weiterhin mit alten Verhaltens- und Denkmustern. Das alte Programm hätte hier längst nicht mehr relevant sein sollen und unsere gemeinsame Ehe hätte noch viele Jahre so weiterlaufen können. Aber im Laufe der Beziehung wurde mir langweilig, weil ich ihn innerlich ablehnte und das auch so ausstrahlte. Was dazu führte, dass er begann, mit anderen Frauen zu telefonieren und oft auch in der Öffentlichkeit mit ihnen flirtete.

Sein Flirten war so offensichtlich. Und es war besonders peinlich und demütigend, da ich in der Kleinstadt durch meine beiden Physiotherapiepraxen relativ bekannt war. Ich wurde dermaßen vorgeführt, dass ich es in Sorge um meinen Ruf nicht mehr lange aushielt. Ich fühlte mich wie gefangen, weil mein Unterbewusstsein mit diesem »viel zu netten« Mann einfach nichts anzufangen wusste. Gefangen kam ich mir allerdings auch vor, weil er es nur schwer ertrug, wenn ich mit anderen Männern redete. Ja, er hat mir den Himmel auf Erden bereitet, aber wenn ich zum Englischunterricht ging oder auf Conventions von Juice Plus (dazu später im entsprechenden Kapitel mehr) ausgelassen mit anderen geredet und herumgealbert habe, kam er damit nicht klar. Möglicherweise befürchtete er, mich auf die gleiche Weise zu verlieren, wie er mich kennengelernt hatte – in meiner eigenen Praxis flirtend. Er hat mich sehr eingeschränkt und dadurch verhindert, dass ich andere Menschen kennenlernte. Auch meine Weiterbildungen stießen bei ihm auf wenig Gegenliebe.

Jedoch führte seine Angst, mich zu verlieren, letztendlich genau dazu, dass es auch passierte. Eine sich selbst erfüllende Prophezeiung.

Heute erkenne ich, dass diese Verbindung früher oder später auseinandergehen musste, damit er wieder in seiner männlichen Rolle und ich wieder in meiner Weiblichkeit ankommen konnte. Während unserer Ehe, war er eher der sanfte Typ Mann, während ich durch all meine vorherigen Erfahrungen zu einer Frau mit harter Schale und weichem Kern geworden war. Unsere Polaritäten stimmten nicht mehr überein, und so ging unsere Ehe dem Ende entgegen.

Während dieser Zeit trat ich einem Netzwerk namens Juice Plus bei und lernte viele Menschen kennen. Das gefiel meinem Mann, obwohl er ebenfalls zu dem Netzwerk gehörte, überhaupt nicht. Ich durfte niemanden umarmen oder drücken. Schließlich habe ich gesagt: »So will ich nicht weiterleben. Wir müssen etwas ändern.«

Und wir änderten tatsächlich etwas. Dieses Mal hatte die Trennung aber andere Gründe als bei meinen früheren Beziehungen. Es gab andere Baustellen, die aber demselben Muster folgten.

Bei dieser Ehe hatte jeder von uns einen Partner in sein Leben gezogen, der ganz anders als die vorherigen Beziehungen waren. Er beispielsweise hatte eine Mutter, die ihr Leben lang krank war. Seine Vorstellung von einer Frau war daher eher geprägt von einer schwachen, bedürftigen Person. Er behandelte mich entsprechend und ging mit mir um, wie er es von seiner Mutter gelernt hatte. Das geschieht alles völlig unbewusst. Es ist die Prägung unserer Kindheit, das Programm aus unserer Innenwelt. Mein Ex-Mann ist ein großartiger Mann, den ich sehr schätze. Aber wegen unserer individuellen Innenwelten war es nur eine Frage der Zeit, bis die Beziehung in die Brüche geht. Selbst wenn wir intensiv an uns gearbeitet hätten, wäre ich immer noch das genaue Gegenteil von seiner leidenden Mutter geblieben, und er entsprach weiterhin nicht meinem inneren Bild von einem Mann. Wir kamen beide nicht klar mit der Energie des jeweils anderen, auch wenn uns das nicht bewusst war. Erst heute kenne ich die Mechanismen unserer Innenwelt, die schließlich zur Trennung geführt haben.

Durch das unbewusste Wegschieben des anderen wird im jeweiligen System die vermeintliche »gute alte Ordnung« wiederhergestellt. Unser Unterbewusstsein hat die Aufgabe, uns vor Unbekanntem zu schützen. Es hält uns auf eine Weise in unserer Komfortzone, in der alles enthalten ist, was wir als Kind gelernt haben – unabhängig davon, ob uns das objektiv gesehen wirklich guttut.

Diese Zone ist vertraut, sie ist – je nach Situation – unsere Schutzhülle, die uns beim Überleben unterstützt. Daher wählen viele Männer Partnerinnen, die ihrer Mutter ähnlich sind. Während die Frauen feststellen, dass sie immer wieder bei einem Mann landen, der wie ihr Vater ist.

Ich bin mir bewusst, dass viele Menschen solchen Aussagen widersprechen werden. Jedoch ist das »meine Wahrheit« und meine Wahrnehmung. Ich habe schon viele Tausend Menschen begleiten dürfen und diese Muster erkannt. Diese Muster zu entschlüsseln fällt mir inzwischen immer leichter, und mitunter geht das blitzschnell. Doch warum leben wir immer wieder dieselben Muster, als liefen sie in einer Dauerschleife ab? Im Grunde lässt sich das evolutionsbedingt erklären: Wir ticken nach wie vor wie das wilde Tier, dessen System sofort auf Flucht umschaltet. Und es liegt noch heute in der Verantwortung unseres Unterbewusstseins, uns mithilfe solcher Mechanismen vor eventuell Schlimmerem zu bewahren. Denn alles, was neu und unbekannt ist, galt – und gilt bis heute – zuerst als potenziell gefährlich.

Die Komfortzone zu verlassen beginnt daher mit der Erkenntnis: »Stopp, so kann es nicht weitergehen!« Denn erst, wenn man den Prozess der Veränderung und der persönlichen Entwicklung durchlaufen hat, werden einem die Abläufe und Zusammenhänge bewusst. Man erkennt, dass man in einer Dauerschleife gefangen ist und sich alles wiederholt.

Auch hier möchte ich wieder auf das Bild der Raupe zurückgreifen, die sich in einen Schmetterling verwandelt. Wenn die Raupe sich, bildlich gesprochen, selbst hinterfragt, zieht sie sich nach innen zurück, löst sich komplett auf und presst sich gegen den Widerstand ihres Kokons heraus ins Leben. Bei uns Menschen ist der Prozess ganz ähnlich: Wir leben oft im Unbewussten. Manchmal gut getarnt, brav und angepasst und manchmal ganz schön rebellisch. Doch selbst wenn wir das genaue Gegenteil von Angepasstheit leben, hinterfragen wir selten, warum wir das tun. Wir erkennen oft nicht, was da in unserem Unterbewusstsein vor sich geht. Es erfordert diese Schlüsselmomente, um uns aufzurütteln und uns bewusst zu machen, welche unbewusst angenommenen Rollen wir im Leben spielen.

Schlüsselmoment Burnout: Selbstmordgedanken – und was mich vom Suizid abhielt

Mein Schlüsselmoment war nicht eines der Erlebnisse mit toxischen Männern. Bei mir war es ein Burnout. Besonders aber war es der Moment, als ich mit dem Gedanken spielte, mir das Leben zu nehmen. Das war der Weckruf, der mich aufhorchen ließ, sodass ich den Hilfeschrei meiner Seele wahrnahm. Meine Seele wollte mir sagen: »Schau genau hin, was in deinem Leben stimmig ist und was nicht.«

Durch meine Selbstständigkeit mit zwei Physiotherapiepraxen war ich an mein Limit gekommen. Ich arbeitete mindestens zwölf Stunden am Tag, auch an den Wochenenden. Ich gönnte mir keine Zeit für mich selbst und erlaubte mir nicht, auch mal faul zu sein. Ich habe immer gearbeitet, war ständig beschäftigt und saß mit zwei Telefonen am Mittagstisch. Dabei war ich immer darauf bedacht, es allen recht zu machen.

Durch den Weckruf meiner Seele erkannte ich: Als Frau, als Steffi, habe ich im Grunde genommen genau das nachgemacht, was meine Mutter mir vorgelebt hat. Sie war dauernd überfordert und hatte ein absolutes Helfersyndrom – und das prägt sie bis heute noch. Meine Mutter definierte sich früher vor allem dadurch, dass sie anderen helfen konnte. Wenn ich als Kind von meiner Mutter dieses Verhalten vorgelebt bekomme, lerne und kenne ich erstmal keine andere Strategie. Ich kann nur auf das zurückgreifen, was mir durch das unbewusste Verhalten meiner Mutter beigebracht wurde. Ich habe einfach genau das nachgemacht, schaute nie nach außen und achtete nie auf mich selbst, während ich anderen viel geholfen habe. Durch meinen Beruf als Physiotherapeutin fiel es mir besonders leicht, meine Bestätigung und Anerkennung zu bekommen.

Aber muss es deshalb immer zwangsläufig in einem Burnout enden? In meinem Fall musste ich, um die Ursachen zu finden, viel früher ansetzen und zurück in meine Kindheit und ganz zurück zu den Wurzeln des Problems gehen. Wie bereits beschrieben, wurde ich als Kuckuckskind in das Nest meines Stiefvaters gelegt. Darüber hinaus wusste meine Mutter nicht, wer mein Vater ist, und hatte sogar versucht mich abtreiben zu lassen. Schon in den frühesten Momenten meines Seins habe ich also erfahren, dass ich unerwünscht und wertlos bin. Diese Botschaft schwang über viele Jahrzehnte hinweg in meinem Gefäß mit. Meine Grundannahme war: »Liebe bekomme ich nur durch Leistung.« Jedoch sind die meisten Annahmen Fehlinterpretationen. So dachte ich lange Zeit fälschlicherweise: »Ich muss nur dieses und jenes tun, damit ich anerkannt werde.« Also tat ich, was mein vermeintlicher Vater von mir erwartete. Nach der Scheidung von meiner Mutter wohnte er zwar nicht mehr mit uns im Haus, blieb aber immer eine zentrale Person in meinem Leben. An ihm habe ich mich orientiert und immer gemacht, was er mir empfohlen hat. »Mach dich selbstständig,« sagte er und ich habe gehorcht. Denn immer stand unbewusst im Raum, ich müsse mir meine Existenzberechtigung hart erarbeiten.

Diese Zusammenhänge und Abhängigkeiten waren mir damals überhaupt nicht bewusst. Vielmehr hat mir mein Unterbewusstsein eingeflüstert: »Wenn ich nicht mache, was mir gesagt wird, dann könnte das tödlich enden.« Diesen fatalen Glaubenssatz habe ich erst im Alter von über 50 Jahren entlarvt. Ich lebte nach dem Muster: »Sich anpassen und sich verbiegen, um zu gefallen und geliebt zu werden.« Doch dieses Muster, alles zu tun, was von mir erwartet wird, führte dazu, dass ich mich permanent selbst überging. Und das nur, damit andere zufrieden sind und ich überleben konnte. Durch diese Programmierung in meinem Unterbewusstsein achtete ich überhaupt nicht auf mich selbst, fühlte mich ständig mies und vernachlässigte meinen Körper. Ich nahm mir beispielsweise überhaupt keine Zeit mehr für Sport, so sehr lebte ich für andere.

Dabei führte ich nur zwei Physiotherapiepraxen. Natürlich war ich damit Unternehmerin, aber ich sah mich eher als Selbstständige, was bedeutete, dass ich ständig bemüht war, am besten alles »selbst« zu erledigen. Ich war kein CEO eines großen Konzerns, sondern hatte schlicht und ergreifend ein gut laufendes Geschäft in einer gut strukturierten Branche. Dennoch: Ich hatte immer Angst, nicht gut genug zu sein. In meinem System war der Gedanke an »Überleben« fest verankert. Dieser Überlebensmodus betraf viele Lebensbereiche und zog sich wie ein roter Faden durch mein Leben.

Die meisten Patienten meiner beiden Praxen wurden von Orthopäden per Überweisung an uns verwiesen. Und weil ich sehr erfolgreich war, zog ich immer mehr Arbeit an und stellte entsprechend Personal ein, da ich gar nicht alles allein schaffen konnte. Das hat mir Spaß gemacht, keine Frage. Allerdings habe ich wirklich niemals jemanden abgelehnt und weggeschickt, auch wenn wir mit Terminen restlos ausgebucht waren. Den Schmerz, nicht erwünscht zu sein, hatte ich bereits im Mutterleib erfahren.

Aber die Praxen liefen nicht von selbst. Einmal gab es einen Arzt, der mir seine Privatpatienten überweisen wollte – im Gegenzug verlangte er zehn Prozent meiner Einnahmen. Das widerstrebte mir derart, dass ich das Angebot dankend ablehnte. Denn ich bin nicht käuflich und sehr klar in meinem Herzen. Das hatte aber zur Folge, dass meine Ängste vor Misserfolg noch größer wurden, vor allem da dieser Arzt in der Fachwelt einen gewissen Ruf genoss. Von da an legte ich mich noch mehr ins Zeug, um eventuelle Einbußen auszugleichen.

Es kam aber noch etwas anderes Grundsätzliches aus der Kindheit hinzu, das sich tief in mir verankert hatte. Besonders nach der Trennung meiner Eltern hatten wir nicht viel Geld. So war ich ständig in Sorge und hatte ich immer das Gefühl: »Hoffentlich reicht das. Ich muss mich anstrengen. Ich muss viel, viel tun.« Bei den Praxen habe ich immer zuerst meine Mitarbeiter bezahlt und dann erst mich selbst. Ich stellte mich an die letzte Stelle in meinem Leben. Mit der Zeit war ich ausgelaugt, litt unter Nährstoffmangel und hatte obendrein noch eine Schilddrüsenerkrankung entwickelt. Dazu kamen Sehstörungen, Schwindel, Panikattacken und Angstzustände. Diese körperlichen Beschwerden waren kaum auszuhalten. Ich kam mir vor wie vergiftet. Trotzdem überging ich die Signale meines Körpers, ignorierte meine Bedürfnisse und nahm mir keine

Zeit für mich selbst. Rückblickend erkenne ich die Mechanismen, doch damals habe ich nicht durchgeblickt. Das Programm in mir lautete: »Du musst weitermachen. Du bist selbstständig, trägst Verantwortung und kannst dir keine Pause erlauben.«

In dieser Zeit arbeitete ich ausschließlich, fühlte mich wertlos und kämpfte mit Depressionen. Ich weinte immer am Wochenende, um dann am Montag mit einem breiten Lächeln wieder in der Praxis zu erscheinen. All das zusammengenommen führte zu meinem Burnout.

Mein Umfeld, inklusive meiner Mitarbeiter, Freunde und sogar meiner eigenen Familie, hatte von all dem inneren Druck nichts mitbekommen. Denn nach außen wirkte ich wie eine lustige, lockere und freundliche Person, die stets hilfsbereit war und sich niemals ein »Nein« erlaubt hätte. Doch genau diese Fassade aufrechtzuerhalten, führte dazu, dass ich im Jahr 2004 körperlich völlig am Ende war. Tatsächlich konnte ich keine 30 Meter weit gehen, so erschöpft war mein Körper. Mein Verstand drehte sich unaufhörlich im Gedankenkarussell. Ich war so gefangen in meinem Funktionieren und Reagieren auf Anforderungen von außen, dass mir der Rest meines Körpers – vor allem die Gefühlswelt – völlig von mir abgetrennt vorkam. Täglich war ich darauf bedacht, allen Ansprüchen und sämtlichen Erwartungen gerecht zu werden und für die Bedürfnisse anderer da zu sein. Und genau dieses ständige Überschreiten meiner eigenen Grenzen brachte das Fass zum Überlaufen.

Meine Tochter war zu dieser Zeit vier Jahre alt, genauso alt, wie ich bei dem Mordversuch meines Vaters an meiner Mutter. Wir hatten ein eigenes Haus und an diesem Wochenende lag ich den ganzen Tag auf unserer Ledercouch und war energetisch gesehen ein Wrack. Die körperlichen und beruflichen

Herausforderungen hatten mich derart geschlaucht, dass ich einfach nicht mehr konnte. Kurz gesagt: Ich war in einem miserablen Zustand.

Ich fühlte mich erschöpft und körperlich fertig. In mir stieg der Gedanke auf: »Ich will nicht mehr, ich mach Schluss. Ich halte es nicht mehr aus!« Ich fühlte mich absolut hilflos, nutzlos und völlig wertlos, Zwar hatte ich bis zu diesem Zeitpunkt nie konkrete Selbstmordpläne gehabt, aber mein Denken kreiste um einen Suizid. Mir kam die Idee, Tabletten zusammen mit Alkohol einzunehmen, schließlich hatten wir beides im Haus. So schleppte ich mich müde von der Couch die Treppe hinauf zu dem Ort, wo die Tabletten in meinem Nachtschränkchen lagen.

Doch in dem Moment, als ich die Treppe hinaufging, schickten mir die Engel meine geliebte Tochter. Sie kam gerade aus ihrem Zimmer und stand plötzlich vor mir. Mit ihren großen, süßen Kulleraugen sah sie mich an. Und wie ich so dastand, den Kopf gesenkt, die Schultern und der Rücken gebeugt von der Last des Lebens, ein mentales und körperliches Wrack, zutiefst depressiv, stand sie in ihrer kindlichen Unschuld vor mir und sagte das Zauberwort, das mich bis heute zu Tränen rührt. Sie hat einfach nur »Mama« gesagt. Der Klang ihrer Stimme berührte mein Herz. In genau diesem Augenblick hat es bei mir »Klick« gemacht. Mir wurde schmerzlich bewusst: »Wenn ich jetzt gehe, wird meine Tochter all das Leid meines Lebens noch einmal erleben, vielleicht sogar noch viel schlimmer.« Den Blick in ihre tiefgründigen, unschuldigen Kinderaugen werde ich niemals vergessen. Ja, noch heute kommen mir die Tränen, wenn ich mich daran erinnere.

Wir sind dann ins Bad gegangen, wo wir eine Sitzbank hatten, und ich habe mich dort mit ihr hingesetzt. In diesem Moment ist mir der Zusammenhang zwischen ihr und mir mit vier Jahren klar geworden. Mir wurde erneut vor Augen geführt, wie es der »Kleinen«, die ich damals gewesen bin, ergangen war. Während ich also mit meiner Tochter im Badezimmer saß, fiel mein Blick auf die gegenüberliegende Wand im Treppenhaus, zu den beiden gerahmten Fotos, die meine Mutter mir einmal geschenkt hatte. Auf einem war ich als Kind abgebildet und auf dem Bild daneben war meine Tochter im selben Alter zu sehen. Wir sahen einander sehr ähnlich, hatten sogar dieselbe Frisur. Während ich auf diese beiden Bilder starrte, wurde mir bewusst, was in meinem Leben los war, als ich vier Jahre alt gewesen war. Dieser Moment hat mich dann aufgeweckt. Es fühlte sich an, als wäre mir ein Engel geschickt worden, um mir die Augen zu öffnen und mich selbst zu erkennen: So unschuldig habe ich also mit vier Jahren geschaut, als mein Vater versuchte, meine Mutter umzubringen. Plötzlich wurde mir klar: Ich kann mich nicht umbringen, denn sonst würde es meinem Kind noch viel schlimmer ergehen als mir hier. Das war der Wendepunkt. Meine Tochter hat mich wachgerüttelt, ich bin aus meinem schlechten Film aufgewacht und war richtig erschrocken über die Erkenntnis, wie wenig Wert ich meinem Leben offenbar bis dahin beigemessen hatte. Ich entschied mich sofort dazu, mir professionelle Hilfe zu holen.

Nach einem weiteren, sehr eindrücklichen Erlebnis kam ich in die Umsetzung, denn ich bekam deutlich vor Augen geführt, dass ich hier noch eine Aufgabe habe.

Tatsächlich litt ich in dieser Zeit immer wieder unter starker Atemnot. Immer häufiger bekam ich kaum noch Luft. Das starke Gefühl körperlich völlig vergiftet zu sein, war enorm. Es muss ein paar Wochen nach dem Klickmoment mit meiner Tochter gewesen sein, dass mir im wahrsten Sinne des Wortes die Luft wegblieb. Ich erlebte eine Nahtoderfahrung. Wie oft in dieser Zeit lag ich auf meiner Couch und das Einatmen fiel mir extrem schwer. In diesem Moment habe ich einfach aufgehört zu atmen – ich habe einfach nicht mehr eingeatmet – und mich diesem Moment ergeben. Ja, ich habe bewusst losgelassen. Was danach geschehen ist, war und ist bis heute für mich unbeschreiblich. Menschen, denen ähnliches widerfahren ist, können es meist bestätigen: Alles fühlte sich leicht und frei an. In diesem Augenblick verspürte ich absolute Ruhe. Ich konnte ein helles Licht wahrnehmen, und erlebte einen tiefen Frieden, der mit Worten kaum zu beschreiben ist.

Als ich wieder in meinen Körper zurückkehrte, wusste ich, dass ich noch lange nicht »ins Licht« gehen würde. Ich war wieder ins Leben zurückgekommen. Es war, als ob meine Seele beschlossen hätte: »Ich gehe noch nicht, ich kehre nochmal um, ich habe noch eine Aufgabe.« Ab diesem Zeitpunkt war alles anders. Vor allem habe ich von da an aufgehört, alles und jeden zu bewerten. Das bedeutete, dass ich die negativen Urteile und die Selbstabwertung losließ, die mich seit meiner Kindheit in einem inneren Dialog begleitet hatten. Es fühlte sich an, als hätte ich ein Update bekommen. Diese Veränderung tat mir gut. Doch trotz all dieser Fortschritte reichte es noch nicht aus, um meine Balance vollständig wiederherzustellen. Mein Körper brauchte Zeit, und in meiner Innenwelt gab es noch einige Traumata aufzuarbeiten.

Was ist ein Burnout?

Ein Burnout ist ein Zustand der emotionalen Erschöpfung, des Verlusts der Perspektive und der Verringerung der Leistungsfähigkeit, der oft durch langanhaltende Belastungen und Stress verursacht wird. Er kann sich in Symptomen wie Müdigkeit, Niedergeschlagenheit, Konzentrationsschwierigkeiten, Veränderungen des Verhaltens und der Persönlichkeit sowie körperlichen Symptomen wie Kopfschmerzen und Schlafstörungen äußern.

Es gibt verschiedene Möglichkeiten, um einem Burnout vorzubeugen oder ihn zu behandeln:

1. Stress reduzieren: Du kannst den Stress in deinem Leben reduzieren, indem du Prioritäten setzt, delegierst und dir Zeit zum Entspannen nimmst.
2. Ausgewogene Ernährung und Bewegung: Eine ausgewogene Ernährung und regelmäßige körperliche Bewegung können dazu beitragen, den Körper und Geist zu stärken und besser mit Belastungen umzugehen.
3. Sich Zeit nehmen: Mach regelmäßig Pausen, um dich zu entspannen und zu regenerieren.

4. Unterstützung suchen: Sprich mit Freunden, Familienmitgliedern oder einem Therapeuten über deine Gedanken und Gefühle. Es kann hilfreich sein, sich professionelle Hilfe zu suchen, wenn du das Gefühl hast, dass du das Problem allein nicht bewältigen kannst.

Gesunde Work-Life-Balance aufrechterhalten: Versuch, eine gesunde Work-Life-Balance aufrechtzuerhalten, indem du genug Schlaf bekommst, Freizeitaktivitäten hast und dich regelmäßig erholst.

Ich war also immer noch erschöpft, ausgebrannt und innerlich leer. Dabei schien von außen gesehen alles gut zu laufen. Ich war erfolgreich, führte zwei Praxen, hatte ein eigenes Haus, war verheiratet und wir hatten zusammen unsere wundervolle Tochter. Wir lebten in finanzieller Stabilität, konnten uns Autos und Urlaube leisten, wie wir es wollten. Doch innerlich fühlte ich mich völlig leer. Ich habe mich angepasst, verbogen und mich nicht getraut, meine Meinung zu sagen. Ich wagte nicht, für meine Bedürfnisse einzustehen, geschweige denn etwas einzufordern, dass ich mir vielleicht von meinem Partner oder den Menschen in meinem Umfeld, gewünscht hätte. Ich war fest davon überzeugt, ich hätte sowieso nichts zu sagen. Aber weil ich diese Gedanken nur unbewusst mit mir herumtrug, war ich zu diesem Zeitpunkt noch nicht in der Lage, etwas daran zu ändern. Hätte ich zu dieser Zeit bewusst erkannt, was in mir vorging, hätte ich bereits Schritte der Veränderung gehen können.

Als Physiotherapeutin hatte ich mein ganzes Berufsleben mit Menschen zu tun, von denen viele nur wenig Bewusstheit für sich selbst hatten. Sie konnten die Sprache ihrer Seele nicht verstehen, die durch körperliche Symptome versuchte, mit ihnen zu kommunizieren. Ich habe gelernt, dass viele Menschen auf Grund ihrer Unbewusstheit Schwierigkeiten haben, ihr Leben in den Griff zu bekommen. Die meisten von ihnen erkennen ihre wahre Essenz nicht. Sie verstehen die Botschaften ihrer Seele nicht und wissen oft überhaupt nicht, wohin sie im Leben wirklich wollen.

Ich war ja selbst mal an diesem Punkt und kann deswegen die Lage dieser Menschen sehr gut nachvollziehen. Als die »angepasste Ente im Osten«, wie ich mich selbst oft nannte, war ich in meiner Opfermentalität gefangen. Doch dann erkannte ich: »Klarheit führt zu Macht.« Wer zielgerichtet handeln will, muss zuerst für Klarheit sorgen. Für mich bedeutet Klarheit auch, dass wir unsere Wünsche formulieren und genau ausdrücken, was wir wirklich wollen. Denn wenn wir nichts sagen, wie soll unser Gegenüber beispielsweise verstehen, was in uns vorgeht und was wir uns wünschen? Aus diesem Grund sehe ich in vielen Bereichen die Notwendigkeit, alles so präzise wie möglich auf den Punkt zu bringen und es so einfach zu erklären, dass auch ein Fünfjähriger es verstehen könnte. In meinem Coaching und in meinen Seminaren frage ich die Teilnehmer und Teilnehmerinnen gezielt: »Was ist es genau? Erzähl mir, welches Gefühl dich triggert. Was ist der Punkt, was ist die Essenz?« Denn das bedeutet Klarheit – wenn du dir darüber im Klaren bist, wo deine Ziele sind und worum sich deine Vision dreht.

Oft erhalte ich dabei von den Menschen Informationen, die gar nichts mehr direkt mit meiner ursprünglichen Frage zu tun haben. Wer fragt, führt. Durch gezielte Fragestellungen führe ich die Menschen immer näher an den Kern ihres Themas heran, um Veränderungsprozesse anzustoßen. Ich erlaube mir heutzutage diese direkte Art des Fragens, weil ich selbst die angepasste kleine, unscheinbare Ente war. Ich habe mich verbogen, habe mich nicht schön gefühlt, ich habe mich weder geliebt, noch gesehen gefühlt. Das führte dazu, dass ich genau das mit meinem ganzen Sein in die Welt gesendet habe. Somit habe ich Situationen und Menschen angezogen, die mir nicht gutgetan haben. In meiner Jugendzeit habe ich mich überhaupt nicht geliebt. Genau in dieser Phase wurde ich dann unter anderem das erste Mal vergewaltigt.

Während meiner Diskothekenbesuche, habe ich immer wieder gedacht: »Die anderen bekommen alle einen ab, nur ich nicht.« Das lag daran, dass ich mich mit anderen verglichen und nicht besonders schön gefühlt habe. Ich habe oft eine ganz krumme Haltung eingenommen und saß dann am Wochenende zu Hause und habe geweint. Ich habe mich mit Wein betrunken, weil ich mein Leben kaum ertragen konnte. Ich glaube, es geht vielen Menschen so und sie erleben ähnliche Situationen in ihrem Leben. Wenn unsere Eltern nicht glücklich sind, wie sollen sie uns Kindern zeigen, wie Glück funktioniert? Ich hatte kein Vorbild für das Glücklichsein, kannte keine Beispiele für Lebensfreude. Ich hatte auch kein Modell für Klarheit. Der Moment, als meine Tochter damals »Mama« sagte, hat alles verändert. Ich entschied mich dazu, ein Vorbild für meine Tochter zu sein. Ich beschloss, alles anders zu machen.

Nach einem sehr kurzen unfreiwilligen Aufenthalt in einer psychiatrischen Klinik – ich musste dort auf ärztliche Anordnung eine Nacht bleiben –, bin ich wegen meines Kindheitsdramas und meiner allgemeinen Verfassung zu einer Psychologin gegangen. Zu dieser Zeit habe ich auch Antidepressiva genommen, da ich unter Panikattacken und Angstzuständen litt. Diese tief verwurzelten Ängste stammten wahrscheinlich aus dem Moment, als mein Vater versuchte, meine Mutter umzubringen. Wenn ein kleines Kind so etwas sieht, bekommt es Todesangst – und diese Angst war in mir noch gespeichert, da ich dieses Erlebnis nie professionell aufgearbeitet hatte.

Angst ist ein natürlicher Mechanismus. Immer dann, wenn wir unsere Komfortzone verlassen, kommt die Angst – die in diesem Fall die Aufgabe hat, uns in unserer vertrauten Zone zu halten. Genau wie das Unterbewusstsein die Verantwortung hat, unser Überleben zu sichern, ist Angst ein ganz normaler, instinktiver, angeborener Mechanismus. Angst hält viele Menschen bis heute davon ab, ihr volles Potenzial zu entfalten. Meine Angst hatte mich bis dahin jedenfalls immer schön klein gehalten. Doch kurz nach der Diagnose »Burnout« stellte mir meine Psychologin die Frage, wie oft ich denn bereits an einer meiner Panikattacken gestorben sei. Da musste ich ihr ehrlich antworten: »Noch nie!« Daraufhin sagte sie: »Dann nehmen Sie jetzt mal Ihre Panikattacke an und gehen mit ihr nach draußen aufs Feld.« Und was soll ich sagen? Es hat funktioniert!

Ich habe meiner Angst den Namen »Angie« gegeben. Ich habe sie mit aufs Feld genommen und einfach gefühlt, um zu lernen, dass ich auch das überleben kann. Heute, mit 56 Jahren, kann ich sagen, dass ich bereits gefühlte 200-mal Panikattacken und Angstzustände erfolgreich durchgestanden habe. Das war nicht immer leicht, aber ich habe es einfach gemacht. Ja, manchmal hatte ich einen richtigen Kloß im Hals und oft fühlte es sich an, als ob mein Vater mir an den Hals gegangen wäre. Doch mit der Zeit wurden diese bedrückenden Momente zu meiner neuen erweiterten Komfortzone und ich habe die Attacken überwunden.

Meinen damaligen Mann, den Vater meiner Tochter, habe ich allerdings nicht emotional an mich herangelassen. Er hat sich zwar bestens um mich gekümmert, aber eher im praktischen Sinn. Er hat mich zum Arzt gefahren und mich im Krankenhaus besucht. Aber auch er konnte mir weder emotional noch psychologisch beistehen, was in so einer Situation auch ganz normal ist. Schließlich habe ich ja die Wurzel für meine Probleme selbst nicht erkannt und ein Partner ist nun mal kein ausgebildeter Psychologe. Für solche Extremsituationen sind Partner einfach nicht zuständig, weil sie darin weder geschult noch gut gerüstet sind. Wir hatten uns im Jahr 1996 kennengelernt und 2001 geheiratet. Dann wurde ich allmählich krank, was jedoch nichts mit der Ehe an sich zu tun hatte. Es besteht in meiner Wahrnehmung lediglich ein zeitlicher Zusammenhang. Da seine Mutter krank gewesen war, schien es fast so, als hätte ich ihre Rolle eingenommen. Jetzt konnte er mich versorgen und in dieser Rolle ging er vollkommen auf. Doch die ständige Sorge und Pflege des Partners bringen nicht die Energie, die den Betroffenen wirklich weiterhilft.

Wenn Sie selbst depressiv sind oder Selbstmordgedanken haben, kontaktieren Sie bitte umgehend die Telefonseelsorge (www.telefonseelsorge.de).
Unter der kostenlosen Telefonnummer 0800-111 01 11 oder 0800-111 02 22 erhalten Sie Hilfe von Beratern, die Auswege aus schwierigen Situationen aufzeigen können.

In der Psychiatrie

Einige Tage nachdem ich auf meiner Couch zusammengeklappt war, wurde ich in eine psychiatrische Klinik eingeliefert. Diese Entscheidung war von meiner Hausärztin über meinen Kopf hinweg getroffen worden. Bewusst hätte ich dem nie zugestimmt, ich fand das unverschämt.

Zunächst kam ich allerdings ins Bundeswehrkrankenhaus in Leipzig, wo bei einem Gesundheitscheckup festgestellt wurde, dass ich eine Erkrankung der Schilddrüse hatte. Heute sehe ich die Zusammenhänge so: Die Seele kommuniziert über den Körper und tatsächlich ist die Schilddrüse in gewissem Sinn auch unser »Schutzschild«. In meinem Fall war der Schutzschild defekt. Ich hatte damals aufgegeben und konnte nicht mehr für mich selbst einstehen. Dieser Zustand in meiner Innenwelt musste sich früher oder später auf der körperlichen Ebene zeigen. Im Krankenhaus wurden zahlreiche Tests durchgeführt, alles wurde untersucht, und viele physische Erkrankungen konnten ausgeschlossen werden. Der Chefarzt im Bundeswehrkrankenhaus kontaktierte meine Hausärztin, ohne mich in diesen Prozess einzubeziehen. Die Diagnose und Schlussfolgerung meiner Hausärztin lautete, es müsse trotzdem etwas getan werden: »Sie ist einfach fertig, die ist am Ende.« Daraufhin kamen die zuständigen Ärzte zu mir ans Bett und erklärten mir: »Wir überweisen Sie jetzt in eine andere Klinik, wo man Ihnen besser helfen kann.«

Sie teilten mir jedoch nicht mit, wohin ich überwiesen werden würde. Ahnungslos wurde ich in einen Krankenwagen geschoben und in eine Psychiatrische Klinik gebracht. Erst als ich dort ankam, erfuhr ich, wohin man mich gebracht hatte. Ich war jedoch komplett bei Verstand und klar im Kopf und darum so völlig außer mir, dass ich sofort zur Stationsärztin ging, um ihr mitzuteilen, wie übergriffig ich das Vorgehen fand. Das war der erste Moment, in dem ich wieder für mich einstand und mich wehrte. »Ich habe nicht das Gefühl, dass ich hierhergehöre«, sagte ich. Die Ärztin musterte mich und erwiderte, auch sie habe nicht das Gefühl, dass ich hierhergehöre. Da sie mich aber nicht eingewiesen hatte, müsste ich eine Nacht dort verbringen, bevor ich nach Hause gehen dürfe. Ich bestand darauf, sofort nach Hause zu gehen. Sie ließ mich zwar gehen, aber ich kam um die obligatorische Übernachtung auf der geschlossenen Station nicht herum. Das war schließlich so Vorschrift! Also kam ich am Abend wieder und schlief dort eine Nacht – am nächsten Morgen erlebte ich dann mit, wie die anderen Patienten an einer Luke standen, die Hand ausstreckten und ihre Tabletten entgegennahmen, um ruhig gestellt zu sein. Dies war nur meine persönliche Wahrnehmung, aber ich verspürte keinerlei Wunsch, mich dort einzureihen. Ich entschied mich, auf eigenen Wunsch entlassen zu werden, obwohl es mir körperlich immer noch nicht gut ging.

Nach meiner offiziellen Entlassung aus dieser Klinik beschloss ich, mich an eine Neurologin und Psychotherapeutin zu wenden, die in unserem Ort einen guten Ruf genoss. Ich schilderte ihr meine Situation im Detail. Sie hat mir Mut gemacht und war äußerst zuversichtlich: »Wir bekommen das gemeinsam hin.« Daraufhin gab sie mir immer wieder kleine Aufgaben. Zum Beispiel sagte sie: »Sie machen jetzt einmal pro Woche etwas, was Sie noch nie gemacht haben.« Sie war es auch, die mich zusammen mit meiner Angst »Angie« an einen zehn Kilometer entfernten Ort schickte. Dort stand eine Kirche. Die Aufgabe lautete: »Sie gehen zu dieser Kirche und gucken einfach in die Ferne. Da ist ein riesengroßes Feld.«

Bis heute schickt sie alle ihre Patienten dorthin, einschließlich meiner Mutter. Manchmal muss ich darüber lachen und finde es erstaunlich. Solch simple Aufgaben für alle Patienten? Aber es hat mir tatsächlich geholfen. Zudem durfte ich sie immer anrufen, jederzeit, Tag und Nacht, egal aus welchem Grund. Allein zu wissen, dass diese Möglichkeit besteht, hat mir viel Kraft gegeben. Ich habe dieses Angebot nie in Anspruch genommen, aber zu wissen, dass ich mich immer an jemanden wenden konnte, hat mir während dieser Zeit der Panikattacken und Angstzustände sehr geholfen.

Kurz noch eine Erklärung zu meiner Schilddrüsenerkrankung: Die medizinische Sicht möchte ich hier nicht beleuchten. Dafür gibt es Experten, also Ärzte. Wer eine Erkrankung hat, wo und was auch immer, muss zum Arzt. Ich möchte daher an dieser Stelle, wie so oft, betonen: Ich spreche hier nur über meine Wahrnehmung als Medium und meine Erlebnisse.

Ich berichte ausschließlich von mir und lege niemandem nahe, dies ebenso zu tun. Trotzdem ist mir bewusst, dass ich an dieser und anderen Stellen anecken könnte. Insgesamt stelle ich nicht die Medizin infrage, sondern beleuchte eine weitere Ebene. Ich bin ja selbst ausgebildete Heilpraktikerin, und da empfinde ich es als wichtig, dass die Schulmedizin mit der Naturmedizin Hand in Hand arbeitet. Meine Ausführungen ersetzen jedoch nicht den Besuch bei einem Arzt.

Meine Praxen nach dem Burnout: Ich werde Unternehmerin

Während der sechs Monate nach meinem Tiefpunkt habe ich die Leitung der Praxen an ausgewählte Mitarbeiter übertragen. Patienten, die auf mich fixiert waren, mussten ein halbes Jahr auf mich warten. Denn ich selbst war in dieser Zeit zwar körperlich anwesend, aber überhaupt nicht belastbar: Ich konnte weder telefonieren, noch mich konzentrieren, geschweige denn mit den Patienten arbeiten. Erst nach einem halben Jahr habe ich schrittweise wieder angefangen und arbeitete nur montags und mittwochs in meiner Praxis. Ich hatte begriffen: Ich muss mich um mich kümmern!

In dieser Zeit habe ich auch gelernt, was es bedeutet, unternehmerisch zu denken und zu handeln. Statt wie in einer Selbstständigkeit, selbst und ständig zu arbeiten, begann ich ab diesem Zeitpunkt am Unternehmen statt im Unternehmen zu arbeiten. Ich habe zudem Qualitätsmanagement in meiner Praxis eingeführt, mit dem Effekt, dass mehr Geld zur Verfügung stand, weil der Laden noch besser lief.

Denn nun beaufsichtigte ich vor allem die Prozesse. Ich brachte viel mehr Struktur und Klarheit hinein, was auch heute noch beim Coaching eine meiner Lieblingsaufgaben ist. Ich war in der Lage, besser zu führen und mich zu fragen, was meine Mitarbeiter gerade brauchen, damit sie glücklich sind. So habe ich mich mehr auf die Organisation konzentriert, statt permanent mittendrin zu sein – auch das ist etwas, das ich heute anderen Selbstständigen vorlebe und beibringen kann, wofür ich sehr dankbar bin.

KAPITEL 3

Ausprobieren und Durchstarten: Mein Einstieg in die Coaching-Szene

Als ich vor 20 Jahren den Gedanken hatte, mir das Leben zu nehmen, habe ich bereits das weiße Licht am Ende des Tunnels gesehen – und bin wieder zurückgekommen. In diesem Moment habe ich mir gedacht: »Interessant, es muss einen Grund geben, warum ich noch hier bin.«

Meine Entscheidung für das Leben hat mir neue Perspektiven eröffnet. Beispielsweise habe ich mich mit Nahrungsergänzungsmitteln beschäftigt, um wieder in meine Kraft zu kommen. Dabei bin ich unter anderem auf Juice Plus aufmerksam geworden. Obwohl es im Vergleich zu den vielen traumatischen Ereignissen, die ich zu bewältigen hatte, möglicherweise unbedeutend klingt, hatte das Netzwerk von Juice Plus eine hochmotivierende Wirkung auf mich. Ich schöpfte neue Hoffnung. Während ich also auf diese Weise körperlich nach und nach wieder zu Kräften kam, recherchierte ich parallel dazu im Internet, wer mir generell in meiner Lage helfen kann. So stieß ich auf Byron Katie und Robert Betz. Besonders die CD *Raus aus den alten Schuhen* von

Robert Betz hörte ich vielfach. Allein so simple Dinge wie eine CD haben mir viel Inspiration gegeben, weshalb auch ich heute regelmäßig Podcasts herausbringe und meine eigene CD *Schreibe deine Kindheit neu* veröffentlicht habe. Auch meine täglichen Beiträge auf Instagram mache ich genau aus diesem Grund: Ich will damit anderen Menschen in schwierigen Momenten durch den Tag helfen, so wie die Beiträge anderer mich oft in depressiven Phasen aufgefangen haben und durchhalten ließen.

Sonja Ariel von Staden war ebenfalls sehr inspirierend für mich. Ich verschlang viele, viele Bücher. Das war mein erster Schritt in die Welt der Persönlichkeitsentwicklung, des Lifecoachings und Mentorings. Es hat mir viel Freude gemacht, zu schauen, wer was zu welchen Themen zu sagen hatte. In dieser Zeit habe ich aufgesaugt, was ich konnte.

Zudem besuchte ich zahlreiche Trainer, darunter auch Jeanne Ruland. Besonders ihre Botschaften haben mich berührt und einen tiefen Eindruck bei mir hinterlassen – da ist der Funke übergesprungen. Ich war begeistert und spürte, dass ihre Ansätze bei mir funktionierten. Von da an hatte ich den Wunsch, wie sie zu sein. Also habe ich bei ihr den Kurs »Mit Engeln durchs Leben reisen« absolviert. Sie hat damals mit Robert Betz zusammengearbeitet, bei dem ich wiederum mehrere Urlaubsseminare besuchte. Im Jahr 2009 habe ich Jeanne Ruland gefragt: »Was hältst du davon, wenn ich eine Ausbildung bei Robert Betz beginne?« Und so habe ich die Transformationstherapie-Ausbildung gemacht. Ergänzend dazu auch die Ausbildung für die Wirtschaft, wodurch ich dann Coach und Transformationscoach geworden bin.

Gleichzeitig verschlang ich weiterhin jede Menge Bücher und hörte mir die CDs von Robert Betz an. Schließlich besuchte ich Heilungsseminare bei der schamanischen Heilerin Hannah Iversen und bin mit ihr sogar durch Griechenland gereist. Besonders beeindruckt hat mich ihre Arbeit im Bereich der Herzheilung. Sie ist eine Persönlichkeit mit einer tiefen inneren Stärke.

Während unserer Reise durch Griechenland haben wir getrommelt, unsere Urkräfte entdeckt und unser Herz besungen. Hannah hat an mir gearbeitet, und es war, als würde ich operiert werden, ohne dass sie je ein Messer ansetzte. Mein ganzer Körper hat sich dabei bewegt und wurde durchgeschüttelt. Damals hatte ich noch keine Erfahrung mit solchen energetischen Kräften. Heute weiß ich, dass es während solcher transformatorischen Prozesse zu diesem Wackeln und Zittern kommen kann. Diese körperlichen Reaktionen waren vollkommen normal, aber damals machte mir das Angst, denn währenddessen traten Sinneseindrücke aus einer anderen Zeit ins Bewusstsein. Inzwischen habe ich verstanden, dass ich damals durch die Erweiterung meines Bewusstseins in einem meiner früheren Leben gelandet bin. Diese Erfahrung hat mich zwar erschrocken, gleichzeitig aber so tief berührt, dass ich heute einige dieser erlernten Techniken aus dem Herzheilungs- und Boot-Camp in mein Coaching einfließen lasse.

Vor zehn Jahren habe ich meinen späteren Mentor Damian Richter kennengelernt. Zunächst nahm ich als Teilnehmerin an seinen Events teil, um meine eigenen Themen zu klären. Doch im Jahr 2016 habe ich bei ihm die VAK-Ausbildung begonnen (später beschreibe ich dies genauer) und im darauffolgenden Jahr habe ich gemeinsam mit meiner Tochter die Ausbildung zum Impulscoach gemacht. Damian hat uns nicht nur viele praktische und marketingtechnische Fähigkeiten vermittelt, sondern vor allem hat er mich aus meiner alten Komfortzone geschubst. Er hat mich gepusht und mir gezeigt, wie ich »meine PS auf die Straße bringe«. In dieser Zeit habe ich gelernt, für mich einzustehen, effektiveres Marketing zu betreiben und meine Worte noch gezielter und bewusster einzusetzen.

Ich habe im Laufe der Zeit viele Tools kennen- und besonders effektive Techniken lieben gelernt. Beispielweise bin ich ein großer Freund von Familienaufstellungen (eine Methode der Familientherapie, bei der einzelne Personen stellvertretend für Familienmitglieder im Raum positioniert werden). Durch eine Yogaausbildung, eine Cranio-Sacral-Therapieausbildung (eine Methode aus der Physiotherapie und ein Teilgebiet der Osteopathie) und viele weitere Zertifikate habe ich nach und nach mein persönliches Portfolio erweitert. Inzwischen habe ich sogar eine eigene Technik entwickelt. Dabei begebe ich mich mit Zustimmung der jeweiligen Person in deren Energiefeld und erhalte durch eine klare und direkte Fragetechnik Zugang zum Unterbewusstsein. Auf diese Weise wird etwas sichtbar, als ob ich auf einem erhöhten Balkon stehen würde. Von dort aus kann ich die gesamte Umgebung überblicken und sogar die Inneren Kinder, die im metaphorischen Sandkasten sitzen. Als Mentor kann ich so aus einer erweiterten Perspektive heraus den Klienten helfen, da diese auf dem Spielfeld des Lebens oft nur sich selbst sehen und auf Herausforderungen statt auf Lösungsmöglichkeiten konzentriert sind.

Großartig ist auch die Verknüpfung all dieser Methoden und Erkenntnisse. Dabei kommt mir meine Ausbildung zur Physiotherapeutin und meine jahrelange Praxis und Arbeit mit Patienten zugute. Denn ich habe meine Klienten nicht nur auf körperlicher Ebene behandelt, sondern mit vielen von ihnen auch tiefergehende Gespräche geführt. Dadurch konnte ich oft an die Wurzeln ihrer Beschwerden gelangen, denn die eigentliche Ursache liegt in unserer Innenwelt verborgen. Bis heute ist meine Heilung immer weiter fortgeschritten und mein Inneres Kind kam immer mehr zum Vorschein. Zudem habe ich ein immer besseres Verständnis dafür entwickelt, dass jeder in einer Beziehung sein Bestes gibt, dass ich großzügig sowohl mit mir selbst als auch mit anderen sein darf.

In meiner Wahrnehmung gibt es keine Fehler auf diesem Planeten. Alles passiert aus einem bestimmten Grund und hat einen Sinn und eine Berechtigung. Die Menschen, die uns im Leben begegnen, dienen uns als Spiegel. Daher ist es nicht nötig, mit dem Finger auf andere zu zeigen, weil sie uns scheinbar etwas Unangenehmes getan haben. Stattdessen stelle ich mir die Frage, welche Botschaft diese Person möglicherweise für mich hat und welches Geschenk sich darin verbirgt. Auch wenn es nicht immer angenehm ist und nicht jedes Geschenk schön verpackt geliefert wird, habe ich dennoch gelernt, alles zwischen Himmel und Erde so anzunehmen, wie es ist, statt alles in Frage zu stellen. Die Dinge existieren einfach. Sie sind, wie sie sind und es liegt an mir, zu entscheiden, was ich aus ihnen mache.

So habe ich nach meinem Burnout im Jahr 2004 dank vieler Helfer, zahlreicher Klickmomente und nachhaltiger Transformation begonnen, mein Leben immer mutiger selbst in die Hand zu nehmen und nach meinen Vorstellungen zu gestalten.

Juice Plus

Einen großen Anteil an meinem Neustart hatte das Netzwerk Juice Plus, bei dem mein Mann und ich im Jahr 2005 erfolgreich durchgestartet sind. Das war der Moment, ab dem es auch gesundheitlich wieder bergauf ging. Es hört sich vielleicht komisch an zu sagen, dass wir im Grunde nur Obst und Gemüse in Kapselform zu uns genommen haben. Allerdings war Juice Plus in diesem Moment so viel mehr für uns, schließlich war es ein Vertriebsnetzwerk. Es bedeutete Horizonterweiterung und Persönlichkeitsentwicklung. Es ermöglichte mir, neue Bekanntschaften zu schließen und sogar Freunde zu finden. Wir bekamen Mittel und Wege an die Hand, um uns auch vertrieblich weiterzubilden. Durch die Einnahme der Kapseln verbesserte sich mein Gesundheitszustand innerhalb von sechs Wochen erheblich. Ich fühlte mich endlich wieder wohl in meinem eigenen Körper und spürte, wie die Kraft zurückkehrte.

Zusätzlich hatte ich eine neue Aufgabe, nämlich Menschen die Vorteile der Produkte näherzubringen. Es ging um Vitamine, und da ich von Natur aus ein fröhlicher Mensch bin und mit ganzem Herzen bei der Sache war, hatte ich viel Erfolg. Mein Geld habe ich aber weiterhin hauptsächlich mit meinen beiden Praxen verdient.

Die zusätzlichen Einnahmen über Juice Plus und die mit dem Netzwerk verbundene Persönlichkeitsentwicklung haben mich sehr schnell wachsen lassen. Plötzlich hatte ich viele Gleichgesinnte in meinem Umfeld, die anders tickten und dachten als meine bisherigen Bekannten. Zudem war ich im Netzwerk engagiert und habe immer von meinen Vertriebserfolgen berichtet, was ein fester Bestandteil des Programms war und ist.

Wenn ich von etwas begeistert bin, kann ich es wunderbar weiterempfehlen. Und da es mir sehr schnell körperlich besser ging, habe ich Juice Plus jedem ans Herz gelegt, auch vielen Patienten in meiner Praxis. Recht schnell habe ich meine beiden Praxen umstrukturiert und mich anders organisiert. Ich habe angefangen, jeden Tag spazieren zu gehen, mich viel besser zu ernähren und die Produkte von Juice Plus einzunehmen. Heute bin ich nicht mehr im Rahmen von Juice Plus tätig, aber ich erinnere mich daran, wie sehr mir diese Zeit die Augen geöffnet hat. An vielen Wochenenden sind mein Mann und ich zu den regelmäßigen Meetings gefahren. Dadurch hatten wir einen völlig neuen Freundeskreis. Schritt für Schritt erarbeitete ich mir ein neues Mindset.

Die Schulungen fanden oft im Hotel Königshof in Dresden statt, wo wir Ernährungsvorträge hörten und häufig Gäste mitbrachten. Bald hielt ich auch in meiner Praxis Präsentationen dazu. Ich fing auf diese Weise an, mich mehr für Gesundheit zu interessieren und dafür, was Menschen tun müssen, damit es ihnen gut geht. In gewisser Hinsicht war also der Burnout für mich ein riesiges Geschenk, denn er bedeutete die großartigste Wendung meines Lebens. Ähnlich wie bei manchen Menschen ein überstandener Herzinfarkt ein neues Lebensgefühl und tiefe Dankbarkeit hervorruft, war der Burnout für mich dieser berühmte Weckruf, der meine Lebensgeister wiedererweckte.

Als ich damals auf meiner Couch lag, das weiße Licht sah und in meiner Wahrnehmung schon hinüberglitt – also wirklich den Eindruck hatte, mich vom Leben zu verabschieden – spürte ich, dass der Akt des Sterbens an sich gar nicht so schlimm ist. Ich hatte den Eindruck, dass es für meine Seele ein sanfter Prozess des Loslassens ist. So konnte ich die Angst vor dem Tod überwinden und mich mit dem Gedanken versöhnen, dass ich diese Welt irgendwann verlassen werde.

Nachdem ich wieder zurückgekommen war, wurde mir bewusst, dass ich nicht weitermachen konnte wie bisher. Ich beschloss, die Menschen nicht mehr so zu bewerten wie früher. Ich hatte mich gerade mit meiner Lieblingsschwester gestritten. Sie wohnte zwar zu dieser Zeit im Haus direkt neben mir, aber ich schrieb ihr kurzerhand eine SMS. Ich ließ meiner Entscheidung – frei von Bewertungen – direkt Taten folgen und tippte in mein Handy: »Du bist okay, ich bin okay. Lass uns doch einfach so annehmen, wie wir sind.« Das war ein wichtiger erster Beitrag zu meiner inneren Heilung, die sich dann auch mehr und mehr körperlich widerspiegelte.

Bis zu meinem Burnout war mir bewusst, dass ich mich schlecht ernährte. Das hing auch damit zusammen, dass ich so viel in der Praxis zu tun hatte. Ich nahm mir keine Zeit, frisches Obst und Gemüse einzukaufen und mir zuzubereiten. Zu der Idee hinter den Produkten von Juice Plus stehe ich nach wie vor. So habe ich etwa gelernt, dass ich in meinem damaligen Zustand neun Bananen hätte essen müssen, um die Nährstoffe zu bekommen, die ich benötigte. So ausgebrannt war ich! Aus diesem Grund habe ich mich damals dafür entschieden, Obst, Gemüse und später auch Beeren in konzentrierter Form in Kapseln einzunehmen. Zusätzlich trank ich täglich viel Wasser. Wenn ich viel zu tun hatte, habe ich durchaus das Doppelte oder sogar Dreifache der empfohlenen Menge an Kapseln eingenommen, was selbstverständlich nicht anzuraten ist. Aber meine Seele war hungrig nach mehr und mein Körper ausgelaugt und so begann ich, diesen Hunger auf diese Art und Weise zu stillen.

Hinter Juice Plus steht die Firma NSA und der Vertrieb läuft über ein Multi-Level-Marketingsystem. Und um da erfolgreich zu sein, brauchst du ein positives Mindset. Anfangs hatte ich diese Einstellung noch nicht und musste sie mir erst erarbeiten. Obwohl ich grundsätzlich positiv eingestellt war und bin, lag ich nach meinem Burnout am Boden und war alles andere als optimistisch. Schließlich hatte ich auch Depressionen und Angstzustände und weinte viel. Mein Mindset und meine Energie waren auf dem Tiefpunkt. Aus diesem Grund habe ich mich dazu entschlossen, mit dem Wissen, das ich durch Juice Plus erhalten hatte, mein Leben und mein Glück selbst in die Hand zu nehmen. Genauso hatte es sich eine Freundin, die mir das empfohlen hatte, auch gedacht: »Hör dir das mit dem Obst und Gemüse doch mal an. Vielleicht geht es dir damit wieder besser«, hatte sie gesagt.

Und so war es auch. Nach nicht einmal zwei Monaten hatte ich wieder Oberwasser. Allerdings sind auch noch so wirksame Vitaminpillen kein Ersatz für andere wichtige Lebensentscheidungen. Es gab noch viel zu lernen, vor allem in Bezug auf Ernährung und Work-Life-Balance – und ich rauchte immer noch. Ich nahm zwar die Kapseln ein, hatte aber sonst an meiner Ernährung und auch in anderen Lebensbereichen nur wenig verändert. Besonders das hastige Essen in viel zu kurzen Pausenzeiten, die hohe Arbeitsbelastung und meine Kurzatmigkeit vom vielen Rauchen ließen meine Seele nach Veränderung schreien.

Robert Betz: Transformationstherapie-Ausbildung und Engel

Gleich nach dem Burnout habe ich eine Ausbildung namens »Sich selbst und das Leben lieben lernen« bei Robert Betz gemacht und dabei gelernt, wie ich meine Panikattacken und Ängste annehme und nicht weiter verdränge. Ich nahm an zahlreichen Seminaren von Robert Betz teil. Ab 2006 flog ich dazu regelmäßig nach Griechenland. Im Jahr 2010 habe ich mich dann dazu entschieden, die Transformationstherapieausbildung bei ihm zu machen. Besonders faszinierten mich die damals für mich neuen und bahnbrechenden Erkenntnisse darüber, dass ich liebenswert bin und dass es ein Inneres Kind gibt. Vor allem die Prozessarbeit mit dem Inneren Kind begeistert mich bis heute, da sie uns Zugang zu den Erlebnissen aus unserer Kindheit ermöglicht, die tief in uns gespeichert sind. Darauf gehe ich im Kapitel »Das Innere Kind« auf Seite 149 näher ein.

Bei Robert Betz fand ich auch meine Verbindung zu den Engeln wieder. Natürlich denken viele Menschen: »Das gibt es doch gar nicht, das ist Spinnerei.« Früher habe ich genauso gedacht. Doch im Laufe vieler Sitzungen erkannte ich, dass die Engel immer an meiner Seite waren und ich nur den Kontakt zu ihnen verloren hatte. Kinder besitzen die Fähigkeit, Engel zu sehen, doch diese Fähigkeit geht im Erwachsenenalter oft verloren. Seitdem ich sie wiedergefunden habe, lebe und arbeite ich seit vielen Jahren mit den Engeln und der geistigen Welt. Ich glaube fest daran und weiß, dass wir geleitet und unterstützt werden. Den Engeln, die dem Licht und der Liebe dienen, kannst du erlauben, wieder bewusst Teil deines Lebens zu sein, damit sie aktiv mitwirken können. Teile ihnen mit, wie sie dich unterstützen können, und bitte sie um ihre Hilfe. Wenn das mit deinem Herz in Resonanz geht, dann öffne dich wieder für diese göttliche Verbindung. Es ist im wahrsten Sinne des Wortes himmlisch! In einem der nächsten Abschnitte erkläre ich noch mehr zum Thema Engel.

Wie meine Hochzeit geplatzt ist – und ich mich selbst geheiratet habe

Auf einer von Juice Plus organisierten Teamreise in die Türkei lernte ich ein Jahr nach meiner Scheidung einen neuen Mann kennen. Er war Wessi, ich war Ossi. Am ersten Abend war er mir gegenüber äußerst kühl, während ich mich wiederum genau von dieser abweisenden Art angezogen fühlte. Später, in der Disco am selben Abend, haben wir uns geküsst und verstanden beide nicht, wie es dazu kommen konnte. Das schien wie eine »göttlich geleitete« Begegnung, die uns allerdings in eine drei Jahre andauernde On-Off-Beziehung führte. Es war einerseits wunderschön, aber gleichzeitig auch beängstigend. Eine klassische toxische Beziehung, weil vieles so faszinierend war, aber unterm Strich tat er mir nicht gut. Er trank viel –

und ich tat das in seiner Nähe ebenfalls. Oft schwebten wir auf Wolke 7, haben uns auch im Business gegenseitig hochgepusht. Dann zog er sich urplötzlich zurück, wenn ihm etwas an mir nicht passte. Es war eine Hassliebe, in der ich mich lange nicht getraut habe, loszulassen.

Es war – wieder einmal – das typische Muster meiner Beziehungen: Ich kam mit ihm nicht klar, dann ging es hin und her, zwischendurch war es mal wieder eine Weile gut und dann wieder nicht. So wechselten wir zwischen guten und schlechten Phasen.

Er kam beispielsweise nicht gut damit zurecht, wenn ich Magenschmerzen hatte. In solchen Fällen wurde er aggressiv und sagte: »Eine kranke Frau will ich nicht.« Dabei hat er wiederum viel auf meine Kosten gelebt, ja sogar bei mir im Haus gewohnt. Oft sagte er den Satz: »Das Beste ist für mich gerade gut genug« und traf damit einen Nerv bei mir, der mit der Frage verbunden war, ob ich gut genug für ihn bin. Er hat in vielerlei Hinsicht wieder mein Herz geöffnet, mich der Spiritualität nähergebracht und mir gleichzeitig auch meine Wunden gezeigt. Es gab Zeiten, in denen ich aus Angst vor ihm im Keller neben einer Waschmaschine geschlafen habe. Wir beide waren wie halbleere Gefäße, die versuchen, sich gegenseitig zu füllen. Ich habe oft gedacht, er müsste mich glücklich machen – und wahrscheinlich hat er dasselbe von mir erwartet. Ein Hin und Her, das sich über drei Jahre hinzog.

Einmal wohnte er mit bei mir, zog aber bald wieder aus, um bei sich in Bochum zu leben. Und so wohnten wir dann entweder in meinem Haus oder er in seiner Wohnung, wo ich ihn dann wiederum besuchte. Wir konnten uns einfach nicht voneinander lösen, sodass es nur folgerichtig erschien – trotz all der Widersprüche – einfach zu heiraten. Die Hochzeit sollte am 26. August 2011 stattfinden.

Ich glaube an eine höhere Kraft im Universum, vielleicht ist es Gott, aber dafür muss ich nicht unbedingt in eine Kirche gehen. Trotzdem bin ich damals auf Wunsch meines Verlobten in die Kirche eingetreten, kurz vor der geplanten Hochzeit. Er war Christ und bestand darauf, dass wir kirchlich heiraten. Daher ließ ich mich und meine Tochter taufen.

Doch bereits am Himmelfahrtstag, fast drei Monate vor dem geplanten Hochzeitstermin, also nicht in allerletzter Minute, platzte die Hochzeit. Er war betrunken, saß bei sich in Bochum, und sagte mir am Telefon: »Unsere Beziehung ist beendet.« Da begriff ich endlich: Er wollte mich nicht heiraten. Neben dem Kircheneintritt hatte er außerdem noch eine weitere Anpassung von mir verlangt: Ich sollte zum Logopäden gehen, damit ich nicht mehr so stark sächsisch spreche. Tatsächlich habe ich einen Termin gebucht, aber rechtzeitig die Reißleine gezogen. In einem Moment der Klarheit fragte ich mich: »Was mache ich hier? Bin ich verrückt geworden? Er sollte mich so akzeptieren, wie ich bin, oder es sein lassen.« Damals hatte ich noch nicht das Selbstbewusstsein von heute.

Diese geplatzte Hochzeit gab meinem Leben einen gewaltigen Schub. Ich trat direkt wieder aus der Kirche aus, denn für meinen Glauben brauche ich keine Institution. Natürlich ging es mir nach der Hiobsbotschaft zuerst dreckig. Ich fühlte eine große Ohnmacht und hatte sogar wieder den Wunsch, nicht mehr leben zu wollen. Dieser Mann war doch so spirituell, wie konnte er nur so etwas tun? Das hat mich tief getroffen. Doch dann stellte ich mir bessere Fragen. Schon vorher zeigte er komische Verhaltensweisen, aber genau das hatte mich letztendlich zu ihm hingezogen. Er stand schon mal mitten in der Nacht auf und sagte: »Ich gehe und kümmere mich jetzt um meine Bedürfnisse.« Dann war er weg, ohne dass ich wusste, ob und wann er zurückkommen würde. Ein anderes Mal waren wir in einer Leipziger Disco. Dort ließ er mich einfach stehen und sagte: »Du bist eh nicht mein Beuteschema« und ging zu einer Blondine, um mit ihr etwas zu trinken. Ich verließ die Disco, und er kam später in der Nacht sturzbetrunken und von der Polizei begleitet nach Hause.

Es war chaotisch und gibt gewiss Anlass zu Verwunderung, warum ich das so lange mitgemacht habe. Aber es entsprach nun einmal dem, was ich aus der Kindheit kannte, und er führte mir alles noch einmal in drastischer Weise vor Augen. Dafür bin ich ihm heute noch dankbar, denn es erklärt so vieles. Gleichzeitig muss es auch etwas gegeben haben, was mich – im positiven Sinne – angezogen hat. Und ja, das gab es.

Erstens habe ich auf spiritueller Ebene viel von ihm gelernt. Zweitens hat er sich immer ausgeruht und hingelegt, während ich gearbeitet habe, und er sagte, ich solle mich mal ausruhen. Da hatte er absolut recht!

Nach der Absage unserer Hochzeit aber war ich konsequent. Ich beschloss, ihn nicht mehr in mein Leben zu lassen: keinen seiner Anrufe mehr entgegenzunehmen, keine E-Mails oder Nachrichten von ihm zu lesen. Wenn er mir Briefe geschrieben hat, verbrannte ich sie ungelesen. Dann versuchte er es über meine Schwester, die nebenan wohnte. Ich habe ihr gesagt, sie solle mir nichts von ihm erzählen. Ich habe ihn erfolgreich abgeblockt, damit ich von ihm loskomme. Und ja, ich habe ihn seitdem nicht wiedergesehen. Zumindest am Anfang hatte ich Angst vor einem Zusammentreffen.

Ich hatte ihm vertraut und war tief mit ihm verbunden gewesen. Ich hatte mich voll und ganz auf ihn eingelassen. Wir kannten uns bereits von Juice Plus und wenn wir auf Conventions waren, habe ich gespürt, wie wir gemeinsam unsere Energie so bündeln konnten, dass wir eine immense Kraft ausstrahlten. Immer wenn wir auf Events den Weg entlangliefen, traten die Menschen förmlich beiseite. Bei Juice Plus machte ich nach der Trennung zunächst weiter, achtete aber sorgfältig darauf, dass wir uns dort nicht über den Weg liefen.

Heute ist mir bewusst, dass andere Menschen uns unsere Innenwelt spiegeln. Seit der geplatzten Hochzeit im Jahr 2011 ließ ich keinen Mann mehr in mein Leben. Denn dieses Drama saß tief, vor allem, weil ich mich ihm vollkommen geöffnet hatte. Ich hatte ihm zu 100 Prozent vertraut und untypische, verrückte Sachen für ihn gemacht. Ich bin beispielsweise extra für einen kurzen Kaffee zu ihm nach Bochum gefahren. Wir waren auf eine Art aneinander gebunden, die ich als »karmische« Verstrickung bezeichne. Wir konnten weder miteinander noch ohne einander. Ich denke, viele kennen solche Situationen, und wir beide waren uns dessen sogar bewusst. Wir wussten nie, ob unsere Beziehung vier Wochen, vier Jahre oder 40 Jahre halten würde. Unser Motto war: Wir leben im Hier und Jetzt.

Natürlich warnten mich viele meiner Freunde: »Steffi, bist du verrückt? Was willst du mit diesem Typen?«, sagten sie. Er hat meine gesamte Verwandtschaft zum Kopfschütteln gebracht. Letztendlich haben wir auch viele meiner Freunde verprellt.

Aber ich konnte nicht loslassen, weil er mir auf der anderen Seite Liebe gegeben hat. Den tieferen Grund für mein irrational starkes Festhalten findet man im Inneren Kind, das noch nicht geheilt war. Wenn ich über die damalige Situation nachdenke und sie jetzt beschreibe, sehe ich die kleine Steffi vor mir und den Vater, der die Mutter umbringen wollte. Rückblickend wird mir klar, warum das damals ein ganz wichtiger und weiterer Wendepunkt in meinem Leben gewesen ist. Ich bin tief an die Wurzeln meiner Vergangenheit herangekommen und habe mein Inneres Kind mehr und mehr in Heilung gebracht. Dafür bin ich diesem Mann zutiefst dankbar.

Gerade an diesem Morgen, während ich diese Zeilen schreibe, habe ich mich erneut mit meinem Coach über Details aus meiner Kindheit unterhalten. Wir betrachteten die Ereignisse aus einer anderen Sicht. Ich habe die Verantwortung zu mir zurückgenommen. Wir haben weitere Seelenanteile zurückgeholt und ich habe alle Beteiligten ihren Weg gehen lassen.

Und wenn ich hier von »Seelenanteilen« spreche, kannst du dir das in etwa so vorstellen: Wenn ich als Kind in einer Notsituation war und Schreckliches erlebt habe, dann habe ich mein Herz verschlossen und Anteile von mir selbst ausgesperrt. Obwohl ich jetzt erwachsen bin, können diese verletzten Anteile immer noch unbewusst in mir vorhanden sein. Als Erwachsene kann ich dann zurückgehen in die damalige Situation, das unerlöste Gefühl dazu fühlen und diesen Anteil meiner Seele bewusst wieder integrieren. Das Ziel dabei ist, dass jeder von uns sich wieder als Ganzes erkennen und Verlorenes wieder zurückholen darf.

Ich habe also dank dieser geplatzten Hochzeit angefangen, mich selbst zu lieben, mich an die erste Stelle zu setzen und eine Beziehung nicht mehr davon abhängig zu machen, ob mich jemand liebt oder nicht. Vielmehr kann ich mich nur selbst lieben. Und genau aus diesem Grund habe ich dann doch geheiratet – und zwar mich selbst. Wir haben bei mir zu Hause im gemütlich kleinen Kreis gefeiert. Ich habe das Brautkleid angezogen, das ich ursprünglich extra auf Maß hatte anfertigen lassen. Ironischerweise hatte ich es damals nicht in erster Linie für mich selbst gemacht, sondern um meinem Verlobten zu gefallen. Ist das zu fassen?

Meine Freundin, die damals meine engste Vertraute war und mir in dieser Zeit sehr geholfen hat, hielt eine feierliche Rede. Wir haben dann zusammen ein Glas Wein getrunken und auf die neue Liebe in meinem Leben – mich selbst – angestoßen. An diesem Tag habe ich mir geschworen, dass ich mich selbst lieben, achten und schätzen werde, bis der Tod mich von mir scheidet.

Meinen »fast Ehemann« sah ich nie wieder. Allerdings hat er mich nach sechs Jahren angerufen. Ich saß gerade mit meiner Tochter im Auto auf dem Weg zu einem Workshop am Bodensee. Ich nahm den Anruf an und hatte null Erwartungen. Zu Beginn des Gesprächs flüsterte ich meiner Tochter noch zu, dass es seltsam sei, plötzlich mit ihm zu sprechen. Doch schließlich wurde es eine lustige Unterhaltung. Mir wurde klar, dass ich ihm vollständig vergeben hatte und ihn so akzeptieren konnte, wie er war. Ich erzählte ihm von meinen Workshops, die ich mittlerweile leitete. Seine Antwort überraschte mich: »Ja, wir können auch mal gemeinsam einen Workshop machen.« Dabei hatte ich ihm ein solches Angebot gar nicht unterbreitet. Er hatte wieder einmal mehr in meine Worte hineininterpretiert, als ich tatsächlich gesagt und gemeint hatte. Schließlich endete das Gespräch, und ich dachte: »Das war definitiv seltsam.«

Die geplatzte Hochzeit erwies sich also im Nachhinein als Segen. Ja, es eröffnete sich mir eine völlig neue Welt. In dieser Zeit habe ich immer mehr Engel um mich herum wahrgenommen. Ich habe Bücher über spirituelle Lehren regelrecht verschlungen, mich mit der Kabbala auseinandergesetzt und bin zu einer spirituellen Heilpraktikerin gegangen. Außerdem habe ich an Seminaren und Vorträgen von Robert Betz teilgenommen und schließlich auch die Ausbildung bei ihm abgeschlossen. Mein Leben nahm Fahrt auf.

Damian Richter und die Coachingausbildung

Im Jahr 2012 hatte ich die Ausbildung bei Robert Betz abgeschlossen und arbeitete parallel zu meiner Praxistätigkeit als Transformationstherapeutin. Ich führte die Sitzungen sowohl am Telefon als auch in meinem eigens dafür eingerichteten Therapiezimmer durch und sammelte so meine ersten Erfahrungen. Seit 2013 biete ich auch eigene Workshops an und stehe ich inzwischen voller Leidenschaft auf den Bühnen dieser Welt. Denn ich liebe es von ganzem Herzen, Menschen auf diese Art und Weise zu begleiten und in ihre wahre Größe zu bringen.

Im Jahr 2014 lernte ich dann den Lifecoach und Erfolgstrainer Damian Richter kennen. Im Laufe der Zeit besuchte ich alle

Seminare, die er anbietet, nicht nur einmal, sondern mehrfach. Einige Workshops von Damian Richter, wie zum Beispiel den Destiny-Workshop, habe ich als Teilnehmerin sogar vier- oder fünfmal mitgemacht. Bei jedem dieser Workshops erfuhr ich wieder etwas Neues über mich, die Zusammenhänge mit meiner Kindheit und über das Innere Kind. Dabei erkannte ich meine primäre Lebensfrage und Glaubenssätze, die mein Leben über viele Jahre hinweg geprägt hatten.

Und ja, in gewisser Hinsicht spiegelte Damian Richter mir, ähnlich wie andere zuvor, meinen Vater. Allerdings war mir das zu Beginn noch nicht bewusst. Ich erlebte viele seiner Veranstaltungen zunächst nur als Teilnehmerin, um dann 2016 die VAK-Ausbildung zu absolvieren. Ein Jahr später machte ich gemeinsam mit meiner Tochter die Ausbildung zum Impulscoach. Das war für mich nur logisch, weil ich im Laufe der Jahre durch die vielen Aus- und Weiterbildungen, Kurse und Seminare seit meinem Burnout erkannte: Coaching ist meine Berufung.

Schrittweise durften wir Damians Kursteilnehmer begleiten und sammelten dabei viele wichtige Erfahrungen und Referenzen. Bald habe ich in Damians Sales-Team gearbeitet, ständig Coachinggespräche geführt und gemerkt, wie schnell und effektiv ich anderen weiterhelfen konnte. Auch meine eigene Coachingmethode kam dabei zum Einsatz. Damian hat mir immer wieder den größten Push gegeben und den nötigen Rahmen für mein weiteres Wachstum geboten. Dadurch konnte ich mein eigenes Coachingbusiness weiter ausbauen. Viele Menschen, die zu mir kamen, habe ich allerdings – allein schon aus Dankbarkeit – an Damians »Universum« weiterempfohlen. Denn hier konnte ich so viele lebensverändernde Erkenntnisse sammeln und mein Wissen vertiefen. Ich fühlte mich in so vielen Bereichen endlich angekommen im Leben.

Als zertifizierter Impulscoach konnte ich eine Lizenz erwerben und Workshops als Coach für Damian Richter durchführen. Gleichzeitig bekam ich darüber mehr Reichweite in der Coachingsszene, sodass ich intensiv mit eingespannt war. Mit vollem Einsatz investierte ich meine Energie. Ich steckte mein Herzblut hinein und durfte 2019 sogar einen von Damians Workshops leiten. Ab diesem Zeitpunkt stand ich fast jeden Monat als Trainerin auf der Bühne und leitete die VAK-Coachingausbildung. Schon viele Tausende Menschen habe ich auf diese Weise begleiten dürfen. Der VAK-Prozess wurde für mich zum ultimativen Manifestations-Tool. Dadurch habe ich schon so viel erleben dürfen, dass allein die Manifestationsgeschichten ein weiteres Buch füllen könnten.

Die Erkenntnis, dass es an der Zeit war, meine beiden Praxen loszulassen, kam, als ich auf einem »Level Up Your Life«-Event von Damian einen Bandscheibenvorfall erlitt. Infolgedessen beschloss ich, meine beiden Praxen schrittweise zu verkaufen. Ich wollte mich wesentlich stärker auf meine neue Aufgabe konzentrieren und sah ein, dass ich nicht alles gleichzeitig machen konnte. Kurz darauf hat mich das Universum großartig unterstützt: Innerhalb der nächsten drei Wochen schloss ich fünf Verträge für Jahrescoachingpakete ab. Und dann wurden es immer mehr. Mein Coachingbusiness ist seither stetig gewachsen und ich habe es mehr und mehr auf einem soliden Fundament aufgebaut.

Damian ist einer meiner wichtigsten Lehrer. Und er hat massiv dazu beigetragen, dass ich gewachsen bin und mein Potenzial maximal ausschöpfen konnte. Gerade in Sachen Marketing konnte ich extrem von ihm lernen. Alles, was er mir beigebracht hat, liebe ich von ganzem Herzen. Für alles, was er für mich getan hat, bin ich ihm zutiefst dankbar. Er hat mich am meisten »aufgeweckt«, sodass ich überhaupt in der Tiefe verstanden habe, wie unser Unterbewusstsein funktioniert und dass alles, was wir als Kind erlebt haben, in uns abgespeichert ist.

Aber bei dem für mich so wichtigen Thema Engel hat Damian zunächst gezögert. Wir kannten uns damals noch nicht so gut und auch noch nicht so lange. Er hatte gerade erst seine Workshops weiter ausgebaut und war damit sehr erfolgreich. Da kam so eine Steffi daher und erzählte ihm von Engeln. Ich kann gut verstehen, dass viele Menschen erst mal nichts mit diesem Thema anfangen können und auch Damian wollte zunächst nicht ganz mitgehen.

Ich habe weiterhin mit den Engeln zusammengearbeitet, sie gebeten, bei den Workshops mitzuwirken und dachte mir, die geistige Welt regelt das schon. In dieser Zeit hat Damian dann tatsächlich seine Partnerin kennengelernt, die ebenfalls an Engel glaubt.

Da standen wir nun: Damian mit seinem großen und erfolgreichen Unternehmen und ich mit meinen Engeln. Bis vor Kurzem lebte ich in einer Symbiose mit dem Damian-Universum und habe mich dann langsam, aber mutig Schritt für Schritt liebevoll abgekoppelt, um meinem eigenen Herzensweg zu folgen. Ich folge immer meinem Herzen und meiner wiedergewonnenen Freude am Leben und bin gespannt, wohin mich das noch führen wird.

Die Engel und ich

Meine Verbindung zu den Engeln habe ich durch die Ausbildung bei Robert Betz wiederentdeckt. Er hat sie mir wieder nahegebracht, zum Beispiel den Erzengel Michael, der in meiner Wahrnehmung einer der mächtigsten Engel ist. Er unterstützt uns besonders dann, wenn wir uns aus alten Verstrickungen lösen möchten. Den Erzengel Michael habe ich bereits oft gespürt und ich habe ihn sogar schon einmal gesehen. Das magst du mir nun glauben oder auch nicht.

Wir alle sind auf der Reise durch das Leben – und vor 15 Jahren habe ich auch noch nicht daran geglaubt, dass es Engel gibt. Ich kann mich aber daran erinnern, wie ich sie als Kind gesehen habe. Als ich älter wurde, waren sie verschwunden. Ich kann also nachvollziehen, wenn jemand kopfschüttelnd abwinkt und Engel für Unsinn hält. Für mich bedeutet das aber auch, dass sich diese Person noch nicht dafür geöffnet hat. Ich bin fest davon überzeugt, dass jede Seele selbst entscheidet, was sie erleben und woran sie glauben möchte. So gesehen können und wollen also gar nicht alle Menschen an Engel glauben – es sei denn, es handelt sich um ihren Schutzengel. Das ist doch immerhin ein Anfang!

Seit dieser Zeit lebe und arbeite ich mit Engeln und lade sie bei nahezu jeder Gelegenheit dazu ein, mich in meinem Leben zu unterstützen – vor allem die Engel der Liebe, die Engel der Erlösung aus alten Verstrickungen, die Engel der Vergebung, die Engel der Heilung und viele mehr. Du musst gar nicht wissen, wie sie alle heißen. Du brauchst nur zu wissen, was sie für dich tun dürfen. Du darfst sie bitten und dann dafür danken und dein Leben wird viel einfacher. Ich sehe fast überall die Zeichen der Engel und der geistigen Welt und habe seitdem viel mehr Spaß am Leben. Ich fühle mich unterstützt und getragen und mein Leben geht viel, viel leichter.

Mein Tumor verschwindet und meine Vision erscheint

Kurz nachdem ich Damian und seine Workshops kennenlernte, nahm ich innerhalb kurzer Zeit neun Kilo ab. Das war im Jahr 2015 und es ging mir gesundheitlich nicht gut. Ein Heilpraktiker, den ich konsultierte, sagte zu mir: »Gehen Sie jeden Tag in den Wald. Hören Sie auf, so viel zu arbeiten und hören Sie unbedingt auf, zu rauchen. Und stellen Sie Ihre Ernährung um!« Das habe ich direkt befolgt, denn auch für mich war dieser akute Zustand ein Alarmsignal.

Zu diesem Zeitpunkt wusste ich jedoch noch nicht, dass ich einen Tumor hatte. Der Heilpraktiker hatte mir sogar gesagt: »Ich sage Ihnen nicht, was mit Ihnen los ist. Das würde Sie nur beunruhigen.« Vieles von dem, was er mir aufgetragen hatte, habe ich beachtet, jedoch weiterhin geraucht, während ich bereits dachte: Hoffentlich bekomme ich keinen Krebs. Aber Gedanken sind wirkende Kräfte und so ließ ich 2016 bei einer anderen Heilpraktikerin eine sensible Blutuntersuchung machen. Am 19. April, das Datum hat sich in mein Gedächtnis eingebrannt, sagte sie zu mir: »Sie haben einen Tumor und der ist nicht gutartig.«

Als Physiotherapeutin hatte ich schon eine Menge Patienten und Krankheiten dieser Art gesehen und wusste, wie sie behandelt werden. In die Hände der Schulmedizin, die ich nicht grundsätzlich ablehne, wollte ich mich allerdings nicht begeben. So saß ich in meinem Lieblingssessel zu Hause, hatte meine Zigaretten auf dem Nachhauseweg verschenkt und beschloss, nie wieder zu rauchen. Ich sagte: »Lieber Körper, bitte werde gesund. Ich verspreche dir auch, nie wieder eine Zigarette in den Mund zu nehmen.« Ich habe es geschafft und mein Körper hat es ebenfalls geschafft. An dieser Stelle nochmal: »Danke an dich, mein lieber Körper!«

Gleich nach der Tumor-Diagnose rief ich Jeanne Ruland an und habe sie gefragt, was ich machen kann: »Ich will noch nicht sterben«, rief ich. Ich wusste nicht, wie ich das meinem Kind erklären sollte. Ich dachte, mein Leben sei vorbei. Und dann antwortete Jeanne: »Ich mache dir eine Kerze an. Dein Seelenlicht steht ganz ruhig. Überleg mal, was du loslassen kannst.« Da kam mir zuerst meine zweite Praxis in den Sinn. Sie war mir zu viel und schließlich verkaufte ich sie. Die Übergabe erfolgte noch im selben Jahr und ich ließ dieses »alte Leben« und die damit verbundenen Aufgaben und Herausforderungen schnell hinter mir.

Dann rief ich eine Therapeutin an, die mit mir eine Coachingsession zu meiner Lunge gemacht hat. Wir haben direkt mit meiner Lunge gesprochen. Das war sowohl lustig als auch erkenntnisreich, denn meine Lunge hatte viel zu sagen. Sie wünschte sich, dass ich öfter in den Wald gehe und mehr frische Luft atme.

Ich las auch das Buch *Der Biophilia Effekt – Heilung aus dem Wald* von Clemens G. Arvay. Da habe ich gelernt: Ich muss einfach nur hinfahren, eine Stunde in den Wald gehen und dann beginnt mein Immunsystem mit dem Wurzelgeflecht des Waldes zu kommunizieren. Zusätzlich erhielt ich Unterstützung von einer weiteren Heilpraktikerin aus Leipzig, die mit meinem ganzen System gearbeitet hat, sodass ich wieder voller Energie bin, alles auf Hochtouren läuft und ich vollkommen gesund bin.

Parallel dazu sammelte ich seit 2014 bei Damian Richter viele Erkenntnisse. So erinnerte ich mich an den VAK-Prozess, den er lehrte. Ich rief also an und sprach mit dem damaligen Geschäftspartner Holger. Ich erzählte ihm von meiner Diagnose, woraufhin er mich zu einem VAK-Workshop nach Österreich in Altlengbach eingeladen hat. Die Fahrt dorthin werde ich nie vergessen, denn sie war schon speziell. Mein System wollte mich unbedingt davon abhalten, mein Fahrtziel zu erreichen. Ich bin viele Umwege gefahren. Aber letztendlich kam ich wohlbehalten an und nahm an dem Event teil.

Der Workshop begann damit, dass wir unsere Ziele schriftlich und so konkret wie möglich formulieren sollte. Das war damals sehr schwierig für mich, weil ich mich nicht getraut habe, so viel Raum und das Beste für mich zu beanspruchen. Mein System rebellierte dagegen. Es blieb lieber in der Komfortzone.

Da stand ich nun und musste dem Workshopleiter erklären, warum ich weiterleben wollte. Obwohl ich das heute weiß, musste ich damals improvisieren, um am VAK-Prozess teilnehmen zu können. Und ich bekam meine Antwort: Während des VAK-Prozesses wurde mir klar, dass ich Schulen bauen wollte, und zwar in Afrika. Ich sah alles genau vor mir: die vielen Kinder, die Schulen, den Ort. Ein kompletter Film lief vor meinem inneren Auge ab. Ich war zu Tränen gerührt. In dieser Vision sah ich mich vor Hunderttausenden Menschen stehen und sprechen. Diese starke Vorstellung war etwas, das ich noch nie zuvor erlebt hatte. Aus dieser Vision schöpfte ich neue Kraft und Zuversicht.

Der Tumor bereitete mir keine große Angst. In meiner Rolle als Physiotherapeutin behandelte ich schließlich den ganzen Tag über Patienten mit den unterschiedlichsten Gesundheitsproblemen. Doch mir war bewusst, dass er nicht von selbst verschwinden würde, auch nicht allein durch die notwendige Umstellung meines Lebensstils. Den Tumor habe ich dadurch geheilt, dass ich die VAK-Methode im unbewussten Teil angewendet habe, wo man mit fünf verschiedenen Sinnen arbeitet: visuell (Sehen), auditiv (Hören), kinästethisch (Fühlen), olfaktorisch (Riechen), gustatorisch (Schmecken). Das ist deshalb wichtig, weil du so praktisch in die Zukunft reist und einen Samen setzt, im Hinblick auf das, was du dir als Ziel vorgenommen hast. Dann stellst du dir das mit allen deinen Sinnen vor, fühlst das, schmeckst das, riechst das, hörst das. Dadurch ist im Unterbewusstsein ein neuer Anker gesetzt und so wird deine Vision allmählich Realität.

Täglich wandte ich zudem die russischen Heilmethoden und eine Therapie mit hochaktivem Sauerstoff an. Und tatsächlich geschah etwas Erstaunliches: Innerhalb von sechs Wochen war ich wieder gesund. Es war ein Wunder. Es ist mein persönliches Wunder. Und weil mir das so wichtig ist und die Daten so eindeutig, kenne ich auch noch den genauen Zeitpunkt: Am 11. Januar 2017, kurz nach 8 Uhr, rief mich die Heilpraktikerin an und sagte mir, dass meine Blut- und Lymphwerte wieder optimal waren. In diesem Moment wusste ich: Meine Gedanken sind tatsächlich wirkende Kräfte. Von da an war mir bewusst: »Ich kann alles schaffen, was ich will. Ich habe das geschafft, und wenn ich das kann, dann muss ich das so vielen Menschen wie möglich beibringen.«

Seitdem nutze ich meine Vorstellungskraft als mächtiges Werkzeug. Indem ich neue Samen im Unterbewusstsein setze, kann ich alles erschaffen, was ich mir vorstelle. Genauso wie du!

KAPITEL 4

Ganz angekommen im Leben

Erste Workshops und Kunden

Es hat eine Weile gedauert, bis ich mich dazu entschieden habe, mein Wissen auch nach außen zu tragen. Seit 2005 hatte ich mich näher mit Coaching, Seminaren, Persönlichkeitsentwicklung et cetera beschäftigt. Am Anfang lag mein Fokus vor allem darauf, meine eigenen Themen zu klären, aber die Idee, das später einmal selbst anzubieten und andere zu coachen, gefiel mir. Dennoch startete ich meinen ersten eigenen Workshop erst 2017. Ich brauchte diese Zeit, um Sicherheit zu gewinnen, zu lernen, und ich brauchte auch einen Tritt in den Hintern. Es ist also noch nicht allzu lange her, dass es so richtig losging – gerade einmal sieben Jahre. Vorher fehlten mir Selbstvertrauen, Selbstbewusstsein und eine klare Perspektive. Seit 2006 war ich häufig nach Griechenland gereist, bin regelrecht herumgetingelt und habe Eindrücke gesammelt, bis Robert Betz mich schließlich dazu ermutigt hat, meine Fähigkeiten voll und ganz einzusetzen.

All diese Schritte waren wichtig. Zudem machte ich mir keinen Druck, schneller durchzustarten, da meine beiden Praxen bis dahin stabile Einnahmequellen waren. Erst nach Abschluss meiner Ausbildung zum Impulscoach habe ich mich getraut, voll durchzustarten. Denn dabei habe ich gelernt, wie ich überhaupt zu einer Marke werde und Marketing betreiben kann. Ich glaube, gerade weil ich mir ein ganzes Jahrzehnt Zeit genommen habe, um mir ein enormes Hintergrundwissen zu erarbeiten, fällt es mir nun leicht, das Gelernte in die Tat umzusetzen.

Mein erster eigener Auftritt fand 2017 als eintägiger Workshop an einem Wochenende in meiner Praxis statt. Der Workshop hatte den Titel »Du bist der wichtigste Mensch in deinem Leben«. Dazu habe ich Flipcharts in meinem Wartezimmer aufgestellt und nahm mir drei bis vier Stunden Zeit, um den Inhalt zu erarbeiten, den ich selbst erst kürzlich gelernt hatte. Zuvor hatte ich meine Patienten angesprochen und gefragt, ob sie dabei sein wollen. Sechs von ihnen waren interessiert und so konnte der Workshop stattfinden. Ich habe jeden Einzelnen begrüßt und gefragt, warum jeder von ihnen heute hier ist. Ich habe mit ihnen herausgearbeitet, an welchem Punkt sie gerade in ihrem Leben stehen, wie man Ziele formuliert und ich führte einen vollständigen VAK-Prozess durch. Dabei sind die Teilnehmer gedanklich in die Zukunft gereist, um mit all ihren Sinnen zu erleben, wie es sich anfühlt, bereits an ihrem Ziel angekommen zu sein.

Wie so oft, wenn man etwas Neues beginnt, waren die Anfänge eher tollpatschig. Heute kann ich darüber lachen. Denn obwohl ich mit der VAK-Methode geübt hatte, war es mein erster Workshop. Ich bin ins kalte Wasser gesprungen, aber meine Tochter hat mich unterstützt. Natürlich waren wir aufgeregt, aber letztendlich hat alles gut geklappt und auch wirklich Spaß gemacht. Denn ich konnte schon immer gut reden und hatte nie den Anspruch, allen zu gefallen. Seit jeher rede ich frei von der Leber weg oder mache auch mal Quatsch. Das machte mir schon immer Spaß und so habe ich auch den Workshop geleitet.

Was ich zunächst völlig vermasselt habe, war der Verkauf. Ich hatte einen Verkaufstisch hinter mir aufgestellt, mit Tassen und Karten. Doch in der Pause gingen alle nach draußen an die frische Luft, sodass niemand die Chance hatte, irgend etwas bei mir zu erwerben; ja ich hatte nicht einmal auf die Möglichkeit hingewiesen.

Trotzdem war der Workshop selbst ganz gut gelaufen, und deshalb bot ich ihn in den folgenden Wochen erneut an und wiederholte ihn mehrfach. Dadurch bin ich sicherer und selbstbewusster geworden – und was nicht gut lief, verbesserte ich beim jeweils nächsten Mal. Ich nahm eine Teilnahmegebühr von 29 Euro; und wer zwei Personen mitbrachte, durfte kostenlos teilnehmen. Es ging mir in erster Linie nicht um das Geld, sondern darum, mich auszuprobieren. Seitdem konnte ich nicht mehr aufhören, Workshops zu geben.

So bin ich schrittweise gewachsen, bis ich mich 2018 traute, einen Zwei-Tages-Workshop zum Inneren Kind und das Herzheilen-Boot Camp zu veranstalten, dieses Mal in einem Konferenzraum eines Hotels in Leipzig. Bald darauf habe ich festgestellt, dass ich gern mit Damian Richter zusammenarbeiten möchte. Er hatte bereits Workshops zu verschiedenen Themen entwickelt. Ich habe diese Workshops promotet und erhielt dafür eine Provision.

Als ich seine Auftritte und Veranstaltungen sah, habe ich seine Leistungen sehr wertgeschätzt und mir gedacht, dass ich dies nicht alles selbst aufbauen muss – schließlich existierte es ja schon.

Also habe ich es für ihn promotet. Erst viel später erkannte ich, dass ich lieber meine eigene Marke und mein eigenes Profil aufbauen möchte – bis hin zu Workshops in Griechenland und Costa Rica. Denn gerade durch die Beschäftigung mit den Inhalten aus Damians großartigen Workshops und Masterclasses erkannte ich mehr und mehr meine eigenen Potenziale – und das ist eine der tollen Errungenschaften der Zusammenarbeit mit Damian.

Am Anfang hatte Damian, wie erwähnt, Schwierigkeiten damit, dass ich mich mit Engeln beschäftige. Obwohl sich seine Einstellung im Laufe der Jahre änderte und er sich mehr für diese Themen öffnete und mich auch machen ließ, war es letztendlich das Beste, dass ich unabhängig wurde.

Natürlich gab es während meiner Zeit bei Damian auch viele Missverständnisse – es war eine Entwicklung, ein Weg mit vielen Windungen. Einerseits war ich direkt bei Damian eingespannt und in viele Aktivitäten eingebunden. Andererseits traute ich mich nicht, etwas anders anzugehen oder zu verändern und hatte das Gefühl, dass das auch gar nicht erwünscht war. Da zeigte sich wieder meine angepasste Seite, zumal ich ja auch keine Konkurrenz zu ihm aufbauen wollte. Ich stand hinter dem Konzept und den Inhalten. Gleichzeitig spürte ich, dass mir das nicht zu 100 Prozent entspricht. Im Laufe der Zeit wurde ich jedoch dazu ermutigt, mich immer mehr zu trauen und meine eigene Stimme zu finden. Darüber hinaus äußerten bei seinen Veranstaltungen viele Menschen den Wunsch, mich auch in einem eigenen Seminar zu erleben. Tatsächlich kamen viele Kunden aufgrund ihrer Bekanntschaft mit Damian Richter auf mich zu und buchten von da an mich und meine Angebote.

Zu Beginn habe ich Damians Konzept übernommen und adaptiert – das ist Teil seiner Ausbildung und auch so beabsichtigt. Ich habe versucht, es genauso umzusetzen. Natürlich gelang es mir nicht, es genau wie er zu machen, da ich nicht Damian Richter bin. Daher brachte ich mehr und mehr meine eigenen Ideen ein und fügte meine ganz persönliche Note hinzu, was für ihn in Ordnung war.

Parallel begann ich, Webinare anzubieten. Als ich mit der Trainerausbildung fertig war, kündigte ich einfach einen Termin auf Facebook an – und sofort hat sich jemand gemeldet: »Ich will dabei sein.« Ab diesem Zeitpunkt gab ich jede Woche ein Webinar. Mal behandelte ich das Thema »Wie du das Strahlen in deinem Inneren Kind wiederherstellst«, mal »Angst, geh weg, ich komme«. Ich wechselte zwischen diesen beiden Webinaren und konnte darüber neue Kunden gewinnen. Zusätzlich ließ ich Faltblätter drucken – meine Praxis war eine geeignete Plattform und Infrastruktur dafür. Dort habe ich auch darüber gesprochen, aber ich bin sogar mit Handzetteln in meinem Ort Taucha von Laden zu Laden gegangen und habe gefragt, ob ich dort meine Werbung platzieren könnte.

Allen, die meinen ersten Workshops bis zum Schluss gefolgt sind (und das waren nicht wenige), habe ich ein Gratisgespräch, also ein kostenloses Coaching, angeboten. Natürlich habe ich bald die Preise angepasst und bin von 29 Euro auf 49 Euro gegangen. Mein Zwei-Tages-Workshop kostete ursprünglich 199 Euro und das Herzheilen-Boot Camp lag bei 349 Euro. Meine Jahrespakete habe ich damals für 3500 Euro angeboten. Seit dieser Zeit hat sich vieles verändert, die Anfangsphase liegt nun hinter mir.

Heute nehme ich ganz andere Preise. Ich habe erkannt, welchen Einfluss und Wert meine Coachings haben und bin mir meines eigenen Wertes bewusst. Gleichzeitig habe ich festgestellt: In sich selbst zu investieren, ist ein Ausdruck von Selbstliebe, und ich tue niemandem einen Gefallen, wenn ich meine Leistungen verschenke. Schließlich wissen wir, dass etwas für andere nur so viel wert ist, wie der Preis, den es hat. Höhere Preise lösen beim Menschen völlig andere Signale aus. Durch kräftige Investitionen in sich selbst ergibt sich ein komplett anderes Wertebewusstsein. Zudem ziehe ich auf diese Weise Menschen an, die wirklich engagiert sind, etwas verändern wollen und auch in die Umsetzung kommen.

Dabei sollte man wissen, dass ich bereits 1 Million Euro in mich und meine persönliche Weiterentwicklung investiert habe – alles, um die Person zu werden, die ich heute bin. Und ich lerne immer weiter, indem ich Kurse und Trainer buche, obwohl ich selbst eine ausgebildete Trainerin bin. Denn das Lernen hört nie auf. Wenn ich es mir wert bin, sind es sich andere Menschen auch. Das regelt sich tatsächlich über den Preis. Und wenn wir lernen, beständig in uns zu investieren, beginnen wir in uns eine gewisse Wertigkeit zu spüren. Dann geben wir uns auch nicht mehr mit weniger zufrieden, denn dann ist das Beste für uns gerade gut genug. Aber bis ich mir erlaubt habe, so hohe Investitionen in mich selbst zu tätigen, war es ein weiter Weg.

Ablehnung und Unverständnis: So reagierte mein Umfeld auf mein neues Leben

Als ich die ersten Workshops besuchte und schließlich selbst welche anbot, blieb der Großteil meiner Familie skeptisch. Ich merkte schnell, dass sie nicht denselben Weg gehen wollten wie ich. Sie haben nicht verstanden, wovon ich redete und zeigten kein Interesse daran. Es gab jedoch feine Unterschiede. Meine Mutter zum Beispiel hat mich immer machen lassen. Aber sie hat nie verstanden, warum ich Spaß an meiner neuen Tätigkeit hatte. Sie hat allerdings schnell festgestellt, dass ich dadurch nicht mehr so viel Zeit für sie und andere Verwandte und Bekannte hatte. Ich war immer hilfsbereit und für jeden da, vor allem wenn sie ihre Probleme bei mir abladen wollten. Danach fühlten sie sich erleichtert, aber ich war erschöpft. Allein aus zeitlichen Gründen änderte sich das und ich hörte auch rasch auf, sie mit meinen Erkenntnissen missionieren zu wollen. Sie konnten als Außenstehende nicht nachvollziehen, wie viel Freude mir das alles machte.

Eine meiner Schwestern machte sich sogar richtig Sorgen um mich. »Ich glaube, du bist da in eine Sekte geraten«, sagte sie und meinte, »Die ziehen dir doch nur das ganze Geld aus der Tasche.« Meine andere Schwester, die neben mir wohnte, hat mich immer beobachtet. Sie und meine Mutter haben dann gesagt: »So glücklich haben wir dich noch nie gesehen, Steffi.« Heute sind sie stolz auf mich. Doch zwischenzeitlich haben sie mich abgelehnt, weil ihnen meine neue Art zu reden und zu handeln Angst machte. Gerade meine kleine Schwester, die vier Friseurläden hat. Früher hatte sie mich oft in Personalangelegenheiten um Rat gefragt, da ich immerhin 19 Angestellte hatte. Aber sobald ich ihr etwas auf meine Art und Weise erklärte, kam nur: »Steffi, ich kann dir nicht folgen. Lass mich in Ruhe mit deinem Mist.« Dann habe ich auch nichts mehr gesagt.

Ich glaube, bis heute verstehen sie nicht genau, was ich tue. Ganz unabhängig davon liebe ich meine Schwestern. Unsere Beziehung ist gut, ich schätze sie alle sehr. Sie hinterfragen die

Dinge nicht so wie ich, sondern nehmen sie so hin, wie sie sind. Aber ich möchte das hier auch gar nicht bewerten. Ich liebe sie bedingungslos und wir sind untrennbar miteinander verbunden. Gleichzeitig spiegeln sie mir, wie viel ich in meinem Leben bereits verändert habe. Mein neues Mindset zeigt mir, dass alles möglich ist. Wenn ich meine Denkweise ändere und in meiner inneren Welt arbeite, kann ich alles erschaffen. Ich muss nicht als armer Schlucker durch die Welt gehen, sondern kann mir ein erfülltes Leben kreieren. Diese Erkenntnis befähigt mich dazu, andere Menschen zu inspirieren, und genau das habe ich mich immer mehr getraut. Ich war schon immer anders als die anderen. Das haben meine Schwestern mir ja bereits gezeigt, als wir Kinder waren. Beim Spielen wurde ich oft ausgeschlossen. »Grindgesicht« nannten sie mich, weil ich Sommersprossen hatte. Das führte dazu, dass ich mich nicht wertvoll fühlte und – wahrscheinlich unbewusst – in eine Form von Rebellion ging.

Heutzutage gibt es keine Diskussionen mehr über mich, und mein Leben wird auch nicht zum mehr zum Gesprächsthema, wenn wir uns beispielsweise auf Geburtstagsfeiern treffen. Ich habe aufgehört zu argumentieren, lasse mich nicht mehr in Diskussionen verwickeln und muss auch nicht mehr vehement meinen Standpunkt vertreten. Ich lasse die anderen einfach reden und höre ihnen liebevoll zu. Es gibt schließlich so viele andere Themen, über die wir uns unterhalten können. Doch mittlerweile werde ich auch zu dem einen oder anderen Thema nach meiner Meinung gefragt. Vor Kurzem hat mir eine meiner Schwestern sogar ein Röntgenbild geschickt mit der Bitte: »Kannst du mal gucken, ob hier ein Behandlungsfehler vorliegt?« Inzwischen wissen sie meine Sichtweise zu schätzen. Sie sehen ja auch, dass meine Depression verschwunden ist, dass ich mich selbst liebe, glücklich bin und vor Freude strahle. Sie erkennen, dass ich erfolgreich mit dem bin, was ich tue, und dass ich mir alles leisten kann, was ich möchte. Ich tue nur noch, was ich wirklich will, und alles, was mir widerstrebt, lasse ich einfach los. Es ist mir gleichgültig, was andere darüber denken – und diese Haltung bemerken auch meine Schwestern.

Ein starkes Team: meine Tochter und ich

Ganz anders war die Situation mit meiner Tochter: Bereits mit vier Jahren hat sie verhindert, dass ich mir das Leben nahm oder diesen Gedanken weiterverfolge. Meine Tochter ist dann in meiner »neuen Welt« groß geworden. Zu dieser Zeit war ich bereits bei Juice Plus aktiv. Sie ist damit aufgewachsen, dass Menschen anders denken und dass ich Unternehmerin bin. Heute leitet sie ihre eigene Social-Media-Agentur mit mehreren Angestellten und fährt wie ich einen Porsche. Sie ist vollständig informiert über alles, was ich tue, und bildet einen festen Bestandteil meines Teams.

Allerdings war auch das ein schrittweiser Prozess und nicht automatisch von Anfang an so harmonisch. Alles begann im Jahr 2016, als ich regelmäßig zu den Workshops von Damian fuhr. Sie war bei ihrem Vater, während ich auf die Events ging. Und jedes Mal, wenn ich zurückkam, spürte sie, dass sich etwas in mir verändert hatte. »Was ist denn mit dir?«, hat sie gefragt, und ich antwortete: »Ich liebe dich jetzt noch mehr als vorher«, weil es das Einzige war, das ich sagen konnte, da ich alles andere nicht in Worte fassen konnte.

Später, als sie in die Pubertät kam, sagte sie zu mir: »Kannst du nicht mal reagieren wie eine normale Mutter?« Und sie fügte hinzu: »Mutti, du bist so peinlich. Warum spielst du eigentlich nicht in der Sendung *Meine peinlichen Eltern* mit?« Da habe ich geantwortet: »Du, die haben mich einfach noch nicht gefragt, aber ich würde da sofort mitspielen.« Was ich damit sagen will: Zu diesem Zeitpunkt habe ich auf solche und ähnliche Bemerkungen wesentlich gelassener reagiert als vorher – weil ich emotional inzwischen viel fitter war. Es hat mich nicht mehr getriggert.

Als meine Tochter 16 Jahre alt war, also im Jahr 2016, fragte sich mich, ob sie einmal zu den Workshops mitkommen dürfe. Ich fand das eine großartige Idee, musste aber erst mal Damian und sein Team fragen, ob es möglich wäre. Sie stimmten zu und sagten, sie könne jederzeit rausgehen, wenn es ihr nicht gefällt. Also begleitete sie mich zu den Workshops, weil sie wissen wollte, was ihre Mama da so macht – und sie verließ den Raum nicht ein einziges Mal zwischendurch. Stattdessen fragte sie sofort, ob sie bei Damian eine Ausbildung machen könne.

Damian hat ihr dafür ein günstiges Angebot unterbreitet, sodass wir schließlich die Coachingausbildung gemeinsam absolvierten. Das führte allerdings dazu, dass zwischen meiner Tochter und mir einige Themen aufkamen: Zum Beispiel hatte ich mich früher oft betrunken, weil ich mein Leben nicht ausgehalten habe. Ich war in Clubs und bin erst nach Hause gegangen, als sie zumachten. Auch als meine Hochzeit geplatzt war, habe ich meine Gefühle mit Wein betäubt. Das machte meiner Tochter natürlich Sorgen, während ich mich als Mutter unglaublich schuldig gefühlt habe.

Bei anderen Gelegenheiten habe ich sie übermäßig bevormundet. Natürlich dachte ich, wie jede Mutter, dass ich alles richtig mache. Mir war allerdings nicht bewusst, dass sie bereits eine eigenständige Persönlichkeit war, die ihren eigenen Seelenplan und ihre eigenen Gedanken hatte. Zum Beispiel habe ich ihr immer gesagt, sie solle nicht so viel am Handy spielen. Diesen Satz hat bestimmt fast jede Mutter schon mal zu ihrem Kind gesagt. Doch heute hat meine Tochter beruflich damit Erfolg und leitet ihre eigene Social-Media-Agentur. Ihr Potenzial hätte ich bereits früher besser erkennen und fördern müssen. Stattdessen habe ich unbewusst gehandelt und versucht, ihr vorzuschreiben, wie das Leben funktioniert.

Unsere Vergangenheit war im Wesentlichen von schönen Momenten geprägt, aber es gab eben auch Auseinandersetzungen. Während der gemeinsamen Seminare bei Damian wurde uns bewusst, dass es in unserer Mutter-Tochter-Beziehung noch die eine oder andere Baustelle und ungelöste Punkte gab. Einmal sind wir sogar vor den anderen Teilnehmern in Streit geraten und nahmen kein Blatt vor den Mund. Dank Damians Unterstützung konnten wir das Muster dahinter aufdecken und das Thema mit verschiedenen Techniken auflösen. Heute verstehen wir uns ausgezeichnet und wissen, wie wir trotz Meinungsverschiedenheiten miteinander umgehen können. Die Coachingausbildung hat also nicht nur unsere individuellen Entwicklungen gefördert, sondern war auch für unsere Mutter-Tochter-Beziehung ein Segen. Es ist unglaublich schön, meiner Tochter auf dieser Ebene zu begegnen, so wie es sich vermutlich die meisten Eltern und Kinder wünschen.

Meine Tochter war bereits früh bei Instagram und als Influencerin aktiv. Anfangs habe ich das nicht allzu ernst genommen. Als Physiotherapeutin war mir bewusst, dass exzessive Handynutzung dem Körper nicht guttut, darum habe ich es als Phase und Spielerei abgetan. Doch sie hat sich dadurch ein Business aufgebaut. Klar konnte sie durch meine eigene Selbstständigkeit viel für sich mitnehmen und hat viel Grundsätzliches von mir gelernt. Aber sie hat ihr Unternehmen eigenständig aufgebaut, lange gab es nur ein paar Berührungspunkte mit meiner Tätigkeit. Ich bin mächtig stolz auf sie.

Einzelne ausgewählte Workshops haben wir von Anfang an zusammen gegeben – bis heute. Während ich auf der Bühne stehe, übernimmt meine Tochter Tony Sue die organisatorischen Aufgaben und die Planung. Die Zusammenarbeit hat von Beginn an so viel Spaß gemacht, dass ich direkt gesagt habe: »Wow, lass uns das weiter gemeinsam machen.« Ich bin die Rampensau und sie sorgt für die Struktur und die Zeitplanung, damit ich die Pausen einhalte – das ist nicht unbedingt meine Stärke. Meine Tochter behält jedes Detail im Blick. Während ich die Inhalte liefere, unterstützt sie mich dabei, alles zu strukturieren und für die Workshops vorzubereiten.

Das gilt auch für meine Seminare in Griechenland. Sie übernimmt die Hintergrundplanung und ist Teil meines Teams vor Ort. Auch die umfangreiche Seminarorganisation für die Reise nach Costa Rica hat sie äußerst professionell gemanagt. Darüber hinaus erstellt sie zusammen mit meinen Klienten, die oft Unternehmer oder Selbstständige sind, Instagram-Storys und Videos. Sie gibt auch selbst Workshops und ist Coach, vor allem für Themen rund um Instagram & Co., um Menschen in die Sichtbarkeit zu bringen. Klar, dass sie auch meine Social-Media-Accounts betreibt.

Zum 18. Geburtstag hatte ich überlegt, ihr einen BMW zu schenken. Doch Gott sei Dank hat Damian mir dringend davon abgeraten: »Du wirst doch deiner Tochter nicht den Fisch vor die Tür legen. Bring ihr lieber bei, wie sie angeln kann.« Diese Worte waren sehr weise und zeigten auch ihre Wirkung. Meine Tochter wurde dadurch noch motivierter, sie hat alles selbst aufgebaut, sich den BMW selbst finanziert und später sogar einen eigenen Porsche gekauft. Ich selbst bin seit 31 Jahren Unternehmerin. Die Angel zum Fischefangen hatte sie also bereits in die Wiege gelegt bekommen, aber Damians Rat war Gold wert. Ich bin ihm so dankbar für seine Worte. Wer weiß, ob sie heute genauso erfolgreich wäre und mit 23 Jahren schon ein eigenes Mitarbeiterteam führen würde.

Wegzug nach Gifhorn

Seit ich im Jahr 2016 die Ausbildung bei Damian begonnen hatte, fuhr ich alle vier Wochen nach Gifhorn bei Wolfsburg, um dort in einem Hotel zu übernachten. Anschließend ging es zurück nach Taucha bei Leipzig. Ich war ständig auf der Straße, über 230 Kilometer pro Strecke und habe mich daher schnell dazu entschieden, mir dort eine kleine Wohnung zu nehmen.

Ursprünglich hatte ich nie die Absicht, meine Heimat zu verlassen. Niemals zuvor hätte ich mir vorstellen können, aus meiner Heimatstadt wegzuziehen. Aber jedes Mal, wenn ich nach der Rückreise auf meiner Terrasse saß, fragte ich mich, ob ich das alles hier noch brauchte. Deshalb habe ich im Jahr 2019 mein Haus verkauft, um das ständige Hin und Her zu beenden. Schon im Jahr davor hatte ich meine zweite Praxis veräußert. Außerdem habe ich gespürt, dass hier in Gifhorn ein viel energetischeres Umfeld ist. Und da wir die Summe der fünf

Menschen sind, mit denen wir uns am meisten umgeben, habe ich mir ein neues Umfeld kreiert. Denn wenn ich durch meine Heimatstadt ging, war es mir so vorgekommen, als wechselten die Leute die Straßenseite. Und nachdem ich mich – in den Augen meines Umfelds – so extrem verändert hatte, verliefen plötzlich auch die Gespräche ganz anders. Je mehr ich in den Workshops und Kursen lernte, desto weniger konnte ich mich noch wie gewohnt mit meinen Bekannten und Freunden unterhalten. Viele schauten verwundert, wenn ich Gespräche oft einfach beendet habe. Ja, manche Freundschaften sind sogar darüber in die Brüche gegangen. Die Menschen wollten – in meiner Wahrnehmung – in ihrem Opferdasein bleiben. Ich hätte ihnen gern Unterstützung angeboten, aber eine wichtige Businessregel lautet: »Keine Handlung ohne Auftrag.«

So entschied ich mich für einen Ortswechsel und kam bepackt mit 32 Kisten in meiner neuen Wohnung in Gifhorn an. Da ich Klarheit liebe, erkannte ich schnell, dass ich eine größere Wohnung brauchen würde, um alles unterzubringen. Es war wirklich alles vollgestellt. Nachdem ich einige Wochen wie in einem Labyrinth zwischen den Kartons verbracht hatte, stand für mich fest: Ich miete eine größere Wohnung. Bald darauf konnte ich mit meinen 32 Kisten ins Obergeschoss ziehen und wohne nun im selben Haus, allerdings inklusive Dachterrasse und wundervollem Ausblick. Kurz darauf habe ich auch noch die gegenüberliegende Wohnung gemietet, um dort mein Büro einzurichten.

Aber statt in Gifhorn ganz anzukommen, wurde ich direkt mit einigen Mustern aus meiner Vergangenheit konfrontiert. Wohin wir im Leben auch ziehen, wir nehmen uns immer mit.

Trigger und Tränen

Damian spielte oft die Rolle meines sogenannten »Arschengels«, wie es Robert Betz zu sagen pflegt. So beschreibt er Menschen, durch die wir an Situationen aus unserer Kindheit erinnert werden. Solche Muster schlummern so lange in uns, bis jemand von außen kommt, unsere Knöpfe drückt und wir diese Themen in Heilung bringen. Dann fällt der »Arsch« ab und der »Engel« bleibt übrig. Damian hat bei mir viele dieser Knöpfe unbewusst gedrückt, ohne zu wissen, welche Reaktionen er bei mir auslösen würde. Ich empfand seine Reaktionen als uncool, und zwar nicht direkt seinetwegen, sondern weil seine Handlungen oft bestimmte negative Erinnerungen in mir wachriefen.

Das ist ein klassischer psychologischer Mechanismus, mit dem umzugehen wir alle lernen müssen. Damian kann schließlich nichts dafür; er war mir immer wohlgesonnen. Er startete nur den Film in mir. Eine Situation macht uns emotional betroffen, weil sie uns persönlich betrifft. Die Ursache unserer emotionalen Reaktion liegt in unserer Innenwelt. Die Verantwortung für unsere Emotionen liegt also nicht bei anderen, sondern immer bei uns selbst.

Ein sehr tiefsitzendes Muster wurde bereits vor meinem Umzug nach Gifhorn angetriggert. Bei einer Trainerausbildung standen wir als Damian Richter-Coaches auf der Bühne. Plötzlich erklärte mir Damian sehr direkt und eindringlich: »Diese Schuhe ziehst du nie wieder bei mir auf der Bühne an.« Ich wusste erst gar nicht, was er von mir wollte. Meine erste gedankliche Reaktion war: »Sag mal, spinnt der? Will er mir jetzt erklären, was ich für Schuhe anziehen soll?« Ja. Er meinte es todernst und hat mich richtig angeschnauzt.

Ich trug schwarze Schuhe, mit einer goldenen Zunge. Er hat darauf – unbewusst – reagiert, weil es auf der Bühne nicht um mich gehen sollte, sondern um die Menschen. Ohne es zu wissen, hatte er damit ein wichtiges Muster bei mir angetriggert, weil meine Stiefmutter uns jahrelang auf unsere Kleidung reduziert hatte. Besonders meine Schuhe hat sie immer wieder kritisiert. Meist sagte sie: »Du immer mit deinen ollen Turnschuhen.«

Das kam wohl in diesem Moment in mir hoch, und ich erkannte es, sodass ich das Thema später – dank Damian – auflösen konnte. Das war ein Geschenk. Ich bin daraufhin nämlich wieder zu meiner Stiefmutter gefahren und da hat sie zu mir gesagt: »Du hast aber schöne Turnschuhe.« Und da wusste ich: »Alles klar, du hast das Thema aufgelöst.« So ist es oft im Leben: Menschen triggern unbewusst unsere wunden Punkte. Und in dem Moment, wo uns klar wird, wo das herkommt, wo wir es bereinigen können, ist es in der Heilung.

Viele Menschen triggern uns mit ihren Aussagen und lösen mit ihren Äußerungen Reaktionen bei uns aus. Das tun sie fast immer unbewusst. Damian stand auf der Bühne und diente als Kanal. Es lag also nicht an der Person Damian, sondern er war einfach da, ohne gute oder böse Absichten, und äußerte lediglich seine Meinung zu meiner Kleidung, wenn auch auf ziemlich unhöfliche Weise.

Auch ich bin nicht vor Triggern gefeit: Erst neulich habe ich ein Webinar gegeben, in dem ich die Teilnehmer gebeten habe, Sätze in den Chat zu schreiben, die sie als Kinder von ihren Eltern zu hören bekommen haben und die dazu führten, dass sie sich abgewertet fühlten. Einen habe ich direkt persönlich genommen. Mein Unterbewusstsein hat aus dem Affekt heraus darauf reagiert. Ich fühlte mich angesprochen, denn der Teilnehmer schrieb: »Du bist zu laut.« Darauf antwortete ich reflexartig mit: »Wenn ich dir zu laut bin, musst du deinen Ton leiser machen.« Diese Antwort war natürlich unpassend von mir, da er mich ja gar nicht meinte, sondern sich damit auf seine Kindheit bezog, worum ich obendrein gebeten hatte. Aber es zeigt eindrücklich, wie Trigger funktionieren, selbst wenn eindeutig ist, dass die auslösende Aussage uns persönlich gar nicht gegolten hat. Aber das lässt sich schließlich nicht ausschalten: Es gibt keine Äußerung, Verhaltensweise oder Kommunikation einer anderen Person uns gegenüber, die nicht irgendwelche Assoziationen in uns freisetzt. Selbst scheinbar neutrale, sachliche und objektive Sachverhalte wie Zahlen oder Buchstaben können eine oder sogar mehrere Bedeutungen haben – erst recht für jeden individuell.

Von zukünftigen Mitarbeitern und meinen Coachees wünsche ich mir vor Beginn der Zusammenarbeit immer einen emotionalen Lebenslauf. Darin sollen sie wichtige Momente und Gefühle ihrer persönlichen Geschichte festhalten. Dabei kommt es oft vor, dass ihre Erlebnisse auch auf meine Kindheit zutreffen. Wegen der in mir gespeicherten Erfahrungen kann ich mich gut mit ihnen identifizieren. Genauso in meinen Webinaren oder wenn ich auf der Bühne stehe.

Aber auch hier tappe ich immer mal wieder in die Triggerfalle: Wenn ich auf der Bühne stehe und da sitzen 300 Menschen im Publikum, sind das für mich 300 verschiedene Steffis. Aber auch 300 verschiedene Perspektiven auf Steffi. Jeder sieht, was in ihm selbst angelegt ist. Egal, wo du hingehst, welchen Raum du betrittst, bewertest du alles immer durch den eigenen Filter und siehst es durch die eigene Wahrnehmung. Während ich auf der Bühne stehe, erkenne ich mich in jeder der 300 Personen wieder und bemühe mich, so objektiv wie möglich als Trainerin aufzutreten. Dennoch, wie gesagt, berühren mich ihre Geschichten, und ihre Aussagen lassen mich nicht kalt – und auch mein Unterbewusstsein reagiert darauf.

Und was sind mögliche Reaktionen auf so ein Triggern im Unterbewusstsein? Entweder gehen wir in die Offensive, im Sinne von »Angriff ist die beste Verteidigung« oder aber wir werden still und ziehen uns zurück. Die Reaktion hängt davon ab, welche Überlebensstrategie wir in der Kindheit entwickelt haben.

Manche erstarren förmlich, andere reagieren mit dem »Totstellreflex«, während wieder andere als Kind in die Rebellion gegangen sind. All diese Reaktionen können in solchen Situationen auftreten – ich erlebe das in meinen Coachings ständig, wenn es um Emotionen und Erlebnisse aus der Kindheit geht. Sobald ich erkenne, welche Überlebensstrategien und Glaubenssätze dahinterstecken, kann ich sie meinen Klienten bewusst machen und das Thema gemeinsam mit ihnen auflösen.

Nehmen wir zum Beispiel an, jemand fühlt sich wertlos. Diese Person schwingt auf Grund dieses Gefühls auf einer niedrigen Frequenz der Wertlosigkeit. Genau das strahlt sie dann auch aus und wird somit entsprechende Situationen anziehen. So kann es passieren, dass jemand Geld anhäuft, es jedoch immer wieder verliert. Wenn wir dieses Muster öfter bemerken, sollten wir näher hinschauen. Dann können wir in uns gehen und den Konflikt lösen, indem wir durch gezielte Techniken beispielsweise den Satz »Ich bin wertvoll« im Unterbewusstsein verankern.

Sobald dieser neue Glaubenssatz in unser System integriert ist, braucht unser Unterbewusstsein uns nicht mehr vor entsprechenden Situationen zu schützen. Denn wertvoll zu sein, löst in uns dann keine Panik mehr aus. Würden wir aber an den Gedanken aus unserer Kindheit festhalten, bekämen wir jedes Mal eine Fehlermeldung. Wenn wir nämlich in einem Zustand von »Wertlosigkeit« sind und plötzlich behaupten, dass wir wertvoll sind, ist unser System verwirrt und erzeugt in uns einen Widerstand. Deshalb ist es notwendig, diesen neuen Satz beispielsweise mithilfe einer gezielten Technik in unser Unterbewusstsein einzupflanzen. Es ist aber auch möglich, durch ständige Wiederholung des Neuen das alte Denkmuster zu überschreiben. Ähnlich wie am Anfang, wenn wir als Kinder laufen gelernt haben und es mehrmals üben mussten. Nach einiger Zeit geht es ganz wie von selbst. Genauso funktioniert es mit neuen Glaubenssätzen. Sie werden durch tägliches Einstudieren zu unserer neuen Gewohnheit.

VAK: Die Lösung für (fast) alles

Besonders entscheidend für meine persönliche und berufliche Entwicklung war ein Prozess zur Manifestation, den ich über Damian Richter kennengelernt habe. Es ist ein sehr kraftvoller Prozess, der alle Sinne einbezieht und gezielt auf das Unterbewusstsein wirkt. Damian nennt ihn den »VAK-Prozess«, der in verschiedenen Kulturen und zu unterschiedlichen Zeiten sicherlich auch andere Namen hatte. Denn Manifestation ist für uns Menschen nichts Neues, wir praktizieren sie täglich, meist jedoch unbewusst. Durch den VAK-Prozess haben wir die Möglichkeit, unsere feinen Sinnesantennen bewusst auf ein bestimmtes Ziel auszurichten, einen starken Fokus aufzubauen und schließlich unser Ziel zu erreichen. Die Abkürzung VAK steht für unsere Sinne: Sehen (visuell), Hören (auditiv) und Fühlen (kinästhetisch). Wir nehmen dabei alle unsere Sinne mit auf eine geführte meditative Reise und erleben vorab, wie es sich anfühlen wird, wenn wir unser Ziel erreicht haben. Das Erlernen dieses Prozesses hatte für mich persönlich und für meinen Weg als Coach eine immense Bedeutung.

Innerhalb dieses Prozesses stellen wir eine Verbindung zu unserem angestrebten Ideal in der Zukunft her, indem wir alle Sinne einbeziehen. Das Unterbewusstsein ist dabei der zentrale Punkt, denn der Prozess trainiert unser Unbewusstes darauf, uns bei der Verwirklichung unserer Ziele zu unterstützen. Einen Prozess wie diesen kannst du nutzen, um jedes gewünschte Ziel zu manifestieren und Wirklichkeit werden zu lassen. Du kannst ihn für dich selbst anwenden oder andere darin anleiten. Dabei spielt es keine Rolle, ob du diesen Prozess live, online oder telefonisch durchführst. Seit 2016 bringe ich anderen diese Methode bei, trainiere Coaches darin und wende sie selbst aktiv jeden Tag an. Der VAK-Prozess hilft dir dabei, deinen Fokus auf dein Ziel auszurichten und dein persönliches Ideal vor dem Erreichen bewusst zu erleben. Du kreierst dir im wahrsten Sinne des Wortes dein Leben nach deinen Vorstellungen.

Hier ein paar Beispiele, was du mit deiner Vorstellungskraft erreichen kannst:

- Finanziell unabhängig sein.
- Schlank und fit sein.
- Dich gesund und vital fühlen.
- Deiner beruflichen Erfüllung nachgehen.

- Deine/n Traumpartner/in finden.
- Ganz bei dir ankommen.
- Dein persönliches Ziel erreichen.

Durch den VAK-Prozess erlebst du immer alles schon vorher. Du setzt dich hin, nimmst dir ein Ziel vor und statt zu überlegen, wie du es erreichen könntest, tust du einfach so, als wäre es bereits deine Realität geworden. Du richtest deine Sinnesantennen aus, nimmst wahr, was sich abspielt, wer involviert ist, und schaffst dir auf diese Weise ein lebendiges Bild. Man taucht also für einen kurzen Moment extrem intensiv in diese angestrebte Zukunft ein und erzeugt damit eine Resonanz mit dem gewünschten idealen Zustand.

Leider funktioniert die Ausrichtung unserer Sinnesantennen auch zu allem, was wir uns nicht bewusst herbeigewünscht haben. Einmal mehr rede ich hier nur von meiner Wahrnehmung: Ein Beispiel für unbewusstes Manifestieren aus dem Unterbewusstsein heraus war bei mir das Rauchen. Auf meinen Zigarettenschachteln stand beispielsweise »Rauchen verursacht Krebs«, und seit 2013 waren sogar noch Schockbilder darauf abgebildet. Ich habe früher geraucht und mehrmals täglich zur Zigarette gegriffen. Mein Unterbewusstsein hat die negativen Bilder und die Sätze aufgenommen und für mich umgesetzt. Das Ergebnis: Ich entwickelte einen Tumor. Das bedeutet nicht, dass andere Leute, die Krebs bekommen, selbst schuld sind (ohnehin geht es nicht um Schuld). Rauchen ist schädlich und man sollte damit aufhören oder am besten gar nicht erst damit anfangen. Mein Unterbewusstsein hat aber diese Botschaften auf den Zigarettenschachteln aufgenommen, das ist mein Glaube. Inzwischen habe ich viele Beweise in meinem Leben dafür, dass Gedanken Auswirkungen haben, wie ich im nächsten Abschnitt beschreiben werde.

Durch dieses Beispiel ist mir bewusst geworden: Wenn die Kraft meines Unterbewusstseins unbewusst in diese Richtung gelenkt werden konnte, dann kann ich sie sicherlich auch bewusst anders herum lenken. In diesem Moment habe ich beschlossen: »Alles klar. Ich muss jetzt in die andere Richtung denken. Wer kann mir dabei helfen?« Anstatt mich allein auf die Schulmedizin zu verlassen, habe ich begonnen, meine Gedanken bewusst darauf auszurichten, gesund zu sein und gesund zu bleiben. Und siehe da, es ist mir gelungen. Das war für mich der Beweis dafür, dass unsere Gedanken wirkende Kräfte sind.

Gedanken sind wirkende Kräfte

Warum funktioniert das also? Die Antwort auf diese Frage zieht sich wie ein roter Faden durch dieses Buch und die letzten anderthalb Jahrzehnte meines Lebens: Gedanken sind wirkende Kräfte. Deine Gedanken formen deine Realität – und zwar die ganze Zeit. Du kannst nicht NICHT erschaffen. In jedem Augenblick erzeugst du dir bewusst oder unbewusst durch die Gedanken, die durch deinen Kopf schwirren, eine neue Realität. Mithilfe des VAK-Prozesses können wir unsere bewussten und unbewussten Gedanken auf unsere gewünschte neue Realität lenken. Wie ein fokussierter Laserstrahl wird sich dein gesamtes System auf dein Ziel aus, um sicherzustellen, dass du es wirklich erreichst.

Mit deinen Gedanken kannst du unzählige Szenarien erschaffen, ohne dafür deinen Stuhl verlassen zu müssen. Je nachdem, was du denkst, fühlst du dich entweder sehr glücklich oder vielleicht auch sehr traurig – und das jeweilige Gefühl beeinflusst, welche Entscheidungen du triffst. Ja, wir entscheiden und handeln häufig auf Basis unserer Emotionen. Das Wort »Emotion« kommt von »motion«, was so viel wie Bewegung bedeutet. Das zeigt deutlich, dass unsere Gefühle uns in Bewegung bringen. Wir setzen unsere Gedanken in die Tat um und erzielen Resultate auf der Basis dessen, was wir vorher gedacht haben.

Wenn ich im Leben immer nur auf das Unglück schaue, das mir widerfahren ist, liegt mein Fokus auf dem Drama und ist auf vergangene Erlebnisse gerichtet. Besser ist es, wenn ich mir die Frage stelle, wie ich es denn haben will, wenn alles möglich wäre. Wenn du dazu auf Anhieb keine Idee hast, dann beginne mit der Frage: »Was ist denn das Gegenteil meiner aktuellen Situation?« Während meiner Ausbildung und in meiner Praxis habe ich gelernt, mit solchen Umkehrungen zu arbeiten, um zu einer Lösung zu kommen. Denn das, was aktuell in meinem Leben ist, kenne ich ja bereits. Das will ich ja meistens nicht mehr. Es ist Teil des Problems oder meiner Komfortzone, die ich verlassen möchte. Und daraus kann ich häufig auf das Gegenteil schließen, um herauszufinden, was ich wirklich will.

Doch natürlich gibt es Widerstände aus unserem Unterbewusstsein. Immer wenn ich versuche, meine Komfortzone zu verlassen, meldet mein System: »Nee, nee. Bleib mal lieber hier. Das ist viel zu gefährlich da draußen.« Wenn ich die Dynamik dahinter erkenne, kann ich meinem Unterbewusstsein mitteilen: »Ich bin auch sicher, wenn ich diesen Schritt gehe.« Dann hören wir auf, uns unbewusst gegen die neue Erfahrung zu wehren und sind offen und bereit für Veränderung. Unser

Unterbewusstsein löst dann den Widerstand auf, denn es ist darauf programmiert, unser Überleben zu sichern, Schmerz zu vermeiden und wenn möglich Freude zu erfahren.

Besonders in den Bereichen, wo deine Freude im Leben ist, liegt oft das größte Potenzial – dafür musst du dich über das begrenzte Denken aus deinem Umfeld hinwegsetzen. Das können die Begrenzungen durch deine Eltern, Geschwister, deine Lehrer und durchaus auch von Ärzten sein. Denn wenn du die Verantwortung weiterhin an andere Autoritäten abgibst und an deinen bestehenden Glaubensmustern festhältst, kann du auch nichts Neues erschaffen. Es gilt also, über den Tellerrand hinauszuschauen.

Seit vielen Jahren experimentiere ich mit der Kraft der Gedanken und setze mich über die Begrenzungen im Denken anderer hinweg. Das tue ich, indem ich Aussagen und mein eigenes Denken hinterfrage und beginne, meine eigene Wahrheit zu denken. Nach dem Motto: »Glaube nicht alles, was du denkst!« analysiere ich mein Denken. Wenn ich nun einen Satz finde, der mir nicht guttut, wähle ich bewusst dienlichere Gedanken. Denn wie stark unser Denken ist, habe ich sehr oft erleben dürfen.

Zu einer bestimmten Zeit brauchte ich einen neuen PC und dachte oft darüber nach. Kurz darauf wurde bei mir in der Nähe eingebrochen. Das Diebesgut, ein Laptop, wurde bei mir in den Vorgarten geworfen und das habe ich dann zur Polizei gebracht. So war das natürlich nicht gedacht. Später brachen die Diebe auch in mein Haus ein und stahlen mir meinen Rechner. Bargeld und alles andere lagen noch da. Da habe ich zu meinem Engel gesagt: »Alles klar, jetzt habe ich meinen neuen Rechner.« Allerdings hatte ich meinen Wunsch etwas unklar formuliert und dadurch zu ungenau »bestellt«. Denn die Vorstellung, dass ich ihn über die Versicherung bekomme, war ja nicht vorgesehen.

Deshalb ist es wichtig, genau darauf zu achten, mit welchen Botschaften wir uns umgeben. Welche Botschaften beispielsweise auf einer Tasse oder deinem T-Shirt stehen. Ich hatte in meiner Physiotherapie mal einen Patienten, auf dessen T-Shirt stand: »Montag ist ein Scheißtag.« Der fand das sicher cool, nur leider ging es ihm auch so, wie es auf dem T-Shirt stand: im wahrsten Sinne des Wortes »beschissen«. Worte machen etwas mit uns! Oft genug habe ich erlebt, wie die Menschen – für sie selbst unbewusst – Botschaften ausgesendet haben, die dann in Erfüllung gegangen sind.

Die Ausrichtung der Gedanken

Beginnen wir mit einer einfachen Behauptung. Gerade und frei heraus: »Was du denkst, wird deine Realität.« Was macht es mit dir, wenn du so eine Aussage liest? Rennst du gedanklich zu Ereignissen zurück, von denen du felsenfest überzeugt bist, dass du sie dir so niemals erschaffen würdest? Hier kommt dein Unterbewusstsein ins Spiel. Es mag dir nicht immer bewusst gewesen sein, aber du hast dir dein Leben und alles, was darin enthalten und für dich erlebbar ist, mit Hilfe deines Unterbewusstseins erschaffen. Ja, dein Geist ist zu schöpferischen Höchstleistungen fähig und hat sich deine Existenz in den schönsten und buntesten Farben ausgedacht und anschließend auch gemalt. Da führte ein Pinselstrich mal hierhin, mal dorthin und alles wirkte für dich vielleicht wie ein kunterbuntes Durcheinander.

Doch nach und nach wirst du feststellen, mit welcher Perfektion und Harmonie dein Geist gewirkt hat und immer noch wirkt. Du bist ein Meisterwerk! Dein Unterbewusstsein ist Teil dieses kreativen Prozesses. Für unseren Verstand ist das unvorstellbar: Wir sind das Kunstwerk, das sich ständig selbst kreiert. Das tun wir mit der Kraft unserer Gedanken. So wie ein Künstler seine Farbpalette zur Hand nimmt und die Farbe aufs Papier bringt, bringen wir unsere Gedanken fokussiert hier auf die Erde. Was du außerhalb von dir wahrnehmen kannst, ist die Widerspiegelung deiner fokussierten Gedanken. Unsere Gedanken vollbringen das Wunder der Schöpfung. Was immer du dir nur vorstellen kannst, kannst du auch erreichen.

Was also denkst du den ganzen Tag lang? Hast du dir das schon einmal bewusst vor Augen geführt, indem du dir zum Beispiel deine Gedanken notiert hast? Nimm dir diese wertvolle Zeit der Innenschau. Nimm dir regelmäßig Zeit zum Reflektieren. Nutze diese Zeit für dich und dein Vorankommen, indem du dir bewusst machst, was du denkst, und dann entsprechende Veränderungen bewusst vornimmst.

Es kann sein, dass du bisher geglaubt hast, dein Leben könne nur auf diese eine oder andere Weise laufen und verlaufen. Doch ist das wirklich wahr? Lebst du bereits die beste Version deiner selbst und lebst du dein Leben bereits so, wie du es dir immer vorgestellt hast? Wer genau hinsieht und die eigenen Gedanken unter die Lupe nimmt, wird feststellen, dass er sich sein Leben bisher überhaupt nicht im Detail vorgestellt hat. Viele Menschen sind sich bisher noch nicht bewusst, dass ihre Vorstellungskraft ihnen das Leben ihrer Träume ermöglichen kann. Denn deine

Vision von einem erfüllten und glücklichen Leben muss kein Traum bleiben. Sie darf sich greifbar und erlebbar manifestieren.

Darum lass uns die Farben zu Papier bringen. Male dir deine neue Realität in den schillerndsten Farben aus. Erlaube dir auch völlig losgelöst von dem, was bisher dein Leben definiert hat, zu träumen. Finde heraus, was dein Gehirn, deine Gedankenkraft für dich tun kann. Was für Gedanken hast du bisher gedacht? Welche Gedanken willst du ab sofort denken?

Stell es dir wie bei zwei Samenkörnern vor. Das eine lässt du vertrocknen, das andere nährst du und gießt es ab jetzt regelmäßig mittels Achtsamkeit und Aufmerksamkeit. Dein Fokus ist entscheidend. Blickst du auf den Mist in deinem Leben oder nutzt du ihn, um das Alte für dich neu zu definieren und dadurch in Gold zu verwandeln? Denn alles, was du bisher an Negativem erlebt hast, kann dir – wie ein Diaprojektor – als Vorlage dienen, um ein neues, daraus resultierendes Positiv an die Leinwand deines Lebens zu werfen. Erst durch und sogar dank all dem Negativen bist du überhaupt in der Lage, eine neue Wahl zu treffen.

Deine Realität bedient sich deiner Gedanken, so wie ein kleines Kind seine Bausteine beim Spielen nimmt und sie aufeinanderstapelt, umwirft und wieder neu aufbaut. Du darfst von heute auf morgen deine Gedankenbausteine einfach umwerfen und neu sortieren. Nimm dir die Freiheit, deine Gedanken zu sortieren und dir aus den Bausteinen deiner Gedanken das Leben so zu gestalten, dass du aus der Vogelperspektive voller Liebe und Dankbarkeit darauf schauen kannst. Bau dir dein Leben auf, wie es dir gefällt.

Es sind deine Gedanken und sie gehören dir. Du bist frei, zu denken, was immer du willst. Gedanken sind nichts anderes als in Form gebrachte Energie. Je mehr du davon anhäufst, umso mehr verdichtet sich diese Energie und findet schließlich als Materie ihren Ausdruck in unserer dreidimensionalen Welt.

Mein Porsche: Erst ein Gedanke, dann real vor der Tür

Auf diese Weise habe ich mir meinen Porsche Panamera selbst kreiert. Meine – aktiv und bewusst formulierten – Gedanken haben dafür gesorgt, dass er jetzt vor meiner Tür steht. Noch vor sechs Jahren habe auch ich gedacht, so etwas seien fixe Ideen und das würde nicht funktionieren. Aber um es mir selbst und allen anderen zu beweisen, dass der VAK-Prozess funktioniert und welche Kraft das Unterbewusstsein hat, habe ich es selbst ausprobiert. Dazu gehört auch, mit alten Glaubenssätzen aufzuräumen, die uns bremsen.

Ich wollte einen Porsche. Aber ich dachte zuerst, dass ich ihn mir nicht leisten könnte. Ich sagte: »Der ist zu teuer.« Dann aber habe ich dieses Denkmuster unterbrochen und sagte zu mir selbst: »Stopp. Lösche das Programm. Ich denke neu!« Wenn jemand auf diesem Planeten einen Porsche fährt, kann ich das auch.« Dann habe ich regelmäßig den VAK-Prozess gemacht, den ich zu diesem Zeitpunkt bereits unterrichtete, und klebte das Bild eines Porsche Panamera auf mein Vision Board. Diese Form der Visualisierung ist entscheidend, aber nicht nur in dem Sinne, das Foto permanent vor Augen zu haben. Vielmehr bekommt unser Unterbewusstsein alles mit, es nimmt alles wahr und verarbeitet es. Natürlich ging das mit der Anschaffung nicht von heute auf morgen, wir können ja nicht physikalische und finanzielle Gesetzmäßigkeiten aushebeln. Ganze fünf Jahre hatte ich den Porsche Panamera auf meinem Board stehen. Und schließlich sagte Damian zu mir, ob ich nicht mal langsam meinen Porsche in Betrieb nehmen möchte.

»Worauf warte ich eigentlich noch?«, habe ich mich nach diesem Anstupser von Damian gefragt. Im September 2019 bin ich ins Autohaus nach Leipzig gefahren. Ich kam mir da zwar blöd vor, habe mir aber gesagt, dass ich jetzt mal Nägel mit Köpfen machen möchte. So erklärte ich dort, dass ich mir gern einen Porsche kaufen möchte. Da meinte die Dame an der Rezeption zu mir: »Setzen Sie sich doch mal rein.« Das tat ich, habe mich aber gar nicht getraut, irgendetwas anzufassen oder mich zu bewegen. Und gerade als ich überlegte, dass ich mir den mal von hinten und von vorne anschaue, macht sie die Tür auf und sagt: »Sie können gern auch mal ringsherum gucken.« Schließlich hat mich ein Autoverkäufer in seinen Raum gerufen und mich gefragt: »Na, welchen wollen sie denn?«

Ich antwortete: »Den Porsche Panamera.«

Er fragte weiter: »Welchen? Wie viel PS?« Und ich sagte unsicher: »Keine Ahnung. Porsche Panamera eben.«

Naja, irgendwann fanden wir heraus, welchen Porsche ich haben wollte. Ich habe einfach darauf gezeigt: »Genau den will ich«, ergänzte aber: »Ich weiß gar nicht, ob ich mir den leisten kann. Sie müssen erst mal die monatliche Rate ausrechnen.«

Daraufhin antwortete er: »Geld haben und Geld verdienen, Frau Christian. Das sind doch zwei verschiedene Dinge.« Ich erwiderte: »Ja, das stimmt.« Dabei weiß ich bis heute nicht, wie er das gemeint hat. Er hat aber damit mein Unterbewusstsein getriggert und vor allem mein altes Denkmuster unterbrochen.

Dieses Muster, das mir bis dahin immer gesagt hatte: »Das kann ich mir nicht leisten.«

Beim nächsten Mal habe ich eine Probefahrt gemacht und so viel Spaß gehabt, dass sie mich fast aus dem Auto tragen mussten. Schließlich habe ich mir den Porsche gekauft, zunächst auf Ratenzahlung, ihn bald darauf aber komplett bezahlt. Aus unternehmerischer Sicht war das nicht gerade ideal, aber ich wollte meinen ersten Porsche bar bezahlen. Ein Jahr habe ich allerdings gebraucht, um in diesen Porsche hineinzuwachsen.

Der Wagen war für mich eine Form von Persönlichkeitsentwicklung, denn in diesem Zusammenhang ist mir viel bewusst geworden. Beispielsweise kam die Frage auf: Brauche ich überhaupt so ein Auto? Und tatsächlich lautete meine Antwort: »Nein, als Statussymbol brauche ich das Auto überhaupt nicht.« Aber warum hatte ich dann den tiefen Wunsch, gerade dieses Auto zu fahren? Erst viel später konnte ich es einordnen. In einem Workshop zum Inneren Kind wurde mir schließlich klar, dass ein Auto für mich Sicherheit bedeutet. An einem Wochenende befand ich mich als Teilnehmerin im Raum, als plötzlich das Rollo heruntergelassen wurde und ich meinen Porsche, der draußen auf dem Parkplatz stand, nicht mehr sehen konnte. Plötzlich wurde eine Reaktionskette in mir ausgelöst: Dunkelheit, Panik, Auto. Ich bekam eine Panikattacke. Die emotionale Reaktion auf das zutiefst prägende Ereignis meiner Kindheit kam wieder hoch.

Für kurze Zeit war ich wieder das kleine Kind und durchlebte den Moment, in dem mein Vater meine Mutter umbringen wollte. Damals habe ich auf der Straße das Auto angehalten und meiner Mutter so das Leben gerettet. All das war tief in meinem Unterbewusstsein abgespeichert und wurde mir in diesem Moment auf Wiedervorlage serviert, als ich auf diesem Seminar plötzlich im Dunkeln saß und mein Auto nicht mehr sehen konnte. Seitdem habe ich verstanden, woher das Gefühl von Sicherheit kam, wann immer ich mich in mein Auto gesetzt habe. Bereits im Autohaus, als ich zum ersten Mal in dem Porsche saß, spürte ich dieses Gefühl der Erleichterung. Man kann es mit Worten nicht beschreiben, aber ich fühlte mich sicher und angekommen. Obwohl das Auto mir anfangs noch ein bisschen zu groß vorkam, war dieses Sicherheitsgefühl prägend. Mein Unterbewusstsein hatte es so verknüpft, als ich vier Jahre alt war.

Natürlich gab mir das neue Auto auch ein neues Lebensgefühl und eine hohe Lebensqualität. Manchmal sitze ich stundenlang in meinem Wagen und telefoniere, so wohl fühle ich mich darin. Er gibt mir die Freiheit, flexibel und schnell an verschiedene Orte zu fahren. Deshalb ist es mir auch wichtig, so ein hochwertiges Auto zu fahren und nicht irgendeine Klappermühle. Letzten Endes ist es das Ergebnis meiner Entscheidung, mich wertvoll zu fühlen. Alles beginnt mit einer Entscheidung und dem Festlegen eines klar definierten Zieles und dem Commitment, beständig auf dieses Ziel zuzugehen.

Mein Verhältnis zu Luxus: »Das bin ich nicht!«

Du kannst mir glauben, ich kam mir eine Zeit lang richtig komisch vor. Früher, im Osten, galten wir mit fünf Kindern als kinderreiche Familie und waren arm. Und heute fahre ich Porsche. Dabei bedeutet es trotz des Porsches und meiner Einnahmen nicht, dass ich generell im Luxus lebe. Ich habe mir beispielsweise in Gifhorn eine normale Wohnung gemietet. Und erst Anfang 2022 habe mich mir zum ersten Mal in meinem Leben einen Luxusurlaub gegönnt. In der Dominikanischen Republik, in Punta Cana, nahm ich mir eine Luxussuite in einem Resort, während meine Tochter mit ihrem Freund ein Standardzimmer gebucht hatte. Ich wollte das einfach einmal erleben und mir richtig Luxus gönnen.

Im Hotel angekommen, wurde ich von meiner Familie getrennt und auf eine andere Seite geführt. Anschließend saß ich auf dem Teppich und habe geheult: Stell dir das mal vor: Ein riesiges Zimmer mit Whirlpool, draußen ein eigener Swimmingpool, nachts noch einen Gratisdrink. Die Einrichtung vom Feinsten, ein großer Obstteller auf dem Tisch – und ich hab mich einfach nicht wohlgefühlt. Zudem fühlte ich mich überfordert, da ich überhaupt nicht wusste, wo und wie ich auf diesem großen Areal meine Tochter wiederfinden sollte. Später nannte ich es nur noch den »Reichenflügel«, wo ich mich höchst unwohl und auch einsam gefühlt habe.

Natürlich erzähle ich diese Episode nicht, um meinen Lebensstil zur Schau zu stellen. Vielmehr ist es ein weiteres Lehrstück zum Thema »Glaubenssätze«. Erneut ist mir nämlich die Macht des Unterbewusstseins klar geworden. Denn nachdem ich mit einer »Connect«-Methode, die ich erlernt hatte (eine Methode aus meiner Coaching-Ausbildung), den Satz »Ich erlaube mir den Luxus« integriert hatte, konnte ich den Reichtum annehmen. Danach habe ich mich wohlgefühlt, was sich sofort auch auf meine Geschäfte ausgewirkt hat, die plötzlich durch die Decke gingen. Direkt von Punta Cana aus durfte ich intensiv online arbeiten. Plötzlich war es kein reiner Urlaub mehr, sondern ich war online schwer am Wirbeln.

Meine Angebote: Coaching als Lebensaufgabe

Wie sieht nun, nach dem beschriebenen slalomartigen Werdegang, mein aktuelles Angebot aus und wer gehört zu meiner Zielgruppe?

Mit meinem Coaching wende ich mich an Menschen, vorrangig Unternehmer und Selbstständige, die sich leer und ausgebrannt fühlen, die sich anpassen und verbiegen und die vor allem die Freude am Leben verloren haben. Die Menschen, die in meinem Coaching sind, fühlen sich zu jeder Zeit gesehen und abgeholt.

Mein aktuelles Coachingpaket umfasst ein Jahr Unterstützung als »Rundum-Sorglos-Paket«. Ein Jahr ist eine sinnvolle Zeitspanne, denn Veränderungsprozesse brauchen Zeit. Meine Kunden erhalten damit eine 12-Monats-Begleitung durch mich und mein Team, die ihr Leben für immer verändert. Als Coach bin ich ein Jahr lang an ihrer Seite; wenn gewünscht rund um die Uhr. Jeder Klient erhält zwölf Einzelcoachings. Alle zwei Wochen findet ein Zoom-Call statt, den ich persönlich durchführe, um den Leuten Klarheit und Fokus zu bringen und sie zu befähigen, ihre Ziele mit Leichtigkeit zu erreichen. Unsere Kunden haben einen Online-Mitgliederbereich mit Lernvideos, Kursen, Live-Calls und Dokumenten. Dabei sind unsere Leistungen zur Persönlichkeitsveränderung allumfassend und besonders auch auf Selbstständige und Unternehmer ausgerichtet: Daher bekommen sie von meinem Team auch ein Fotoshooting, einen Technik-Check, Instagram-Boost und Digitalservice. Das stärkt ihr Geschäft, weshalb wir auch Verkaufs- und Kameratraining anbieten.

Nach einem Jahr hat man viel mehr Klarheit, hat sich neu ausgerichtet und geht den Weg seines Herzens. Dabei ist der Fokus das alles Entscheidende. Denn das, worauf wir unsere

Aufmerksamkeit richten, verstärkt sich in unserem Leben. Wir dürfen dem Fluss des Lebens wieder vertrauen. Das bringe ich meinen Coachees bei und erinnere sie daran, wie großartig sie sind. Nach einem Jahr in der Coachingbetreuung erkennen sie: »Ich bin nicht mehr das Opfer meiner Geschichte, sondern meine Geschichte ist meine Stärke«. Fakt ist aber auch, dass diese Reise zu mehr Bewusstheit nie zu Ende geht. Tägliche Transformation und Erweiterung des Bewusstseins ist ein fortwährender Prozess. Darum bin ich davon überzeugt, dass jeder Mensch einen Coach an seiner Seite haben sollte.

Gern gebe ich dir hier einen Einblick, wie ich in meinem Coaching vorgehe: Die meisten Menschen, die zu mir kommen, sind am Anfang unglücklich, ähnlich wie ich es auch war. Doch nach spätestens einem halben Jahr bei mir, meistens geht das schneller, haben sie bereits viele Klickmomente erlebt, was unbezahlbar ist. Ich erhalte Kommentare wie: »Ich liebe es, ich liebe dein Lachen. Seitdem ich dich kenne, habe ich wieder Lust am Leben. Ich habe wieder Spaß bei allem, was ich tue.«

In meiner Arbeit habe ich gelernt, die Menschen loszulassen und mich um sie zu kümmern, ohne sie zu bewerten. Sie lernen wieder, die volle Verantwortung für ihr Leben zu übernehmen, haben wieder Freude und tun das, was sich gut anfühlt. Ich habe die Fähigkeit, die Menschen einfach da sein zu lassen, wo sie sind. Wenn sie Hilfe benötigen, dürfen sie danach fragen. Hier gilt die Vorschrift: »Keine Handlung ohne Auftrag.« Zudem bewerte ich nicht, ich will auch nicht jeden missionieren. Und ich bin weit davon entfernt, jemandem meine Meinung ungefragt überzustülpen. Es gibt solche Coaches, die kenne ich auch. Ich gehe lieber mit meinem eigenen Beispiel voran. Wenn Menschen das inspirierend finden und wissen wollen, wie ich es geschafft habe, können sie mich gern fragen. Wenn sie sogar wollen, dass ich ihnen das beibringe, dürfen sie mich buchen.

Wenn jemand bereit ist, sich von mir coachen zu lassen, darf er oder sie erst mal einen emotionalen Lebenslauf schreiben. Das hilft mir zu verstehen, warum dieser Mensch so tickt, wie er tickt, und welche Lebensereignisse bestimmte Verhaltensweisen geprägt haben. Ich möchte wissen, welche Erfahrungen er in seiner Kindheit gemacht hat. Und mich interessiert, welche Herausforderung ihn dazu bewegt hat, mein Angebot in Anspruch zu nehmen. Was hat diesen Menschen nachhaltig geprägt?

Ich habe inzwischen mehrere Hundert dieser Lebensläufe gelesen. Es gibt Menschen, die haben in der Kindheit jemanden verloren. Andere wiederum sagen: »Ich hatte eine blöde Mutter.« Da sage ich gleich: »Stopp. Guck mal, bist du ganz sicher, ob das oder das eine falsche Entscheidung deiner Mutter war – oder war das vielleicht das größte Geschenk für dich? Vielleicht hat deine Mutter das Beste getan, was sie in dem Moment imstande war zu tun.« Ich lehre die Person, aus der Verurteilung auszusteigen und sich anzusehen, was sie in ihrer Kindheit erlebt hat und welche Überlebensstrategien und Glaubenssätze sie aufgrund ihrer Erlebnisse in ihr Leben gezogen hat. Schließlich sind wir die Summe unserer Glaubenssätze und der Muster, die in uns wohnen.

Wir alle sitzen als Kinder auf dem Teppich und erleben verschiedene Dinge. Nicht immer so traumatisierend, wie in meinem Fall, als ich vier Jahre alt war und mein Vater versuchte, meine Mutter umzubringen. Heute bin ich fest überzeugt, dass er trotz allem ein liebenswerter Mensch war, weil ich glaube, dass jeder es verdient hat, geliebt zu werden. Das mag für einige Leser schwer nachvollziehbar sein, da mein Vater zeitweise sehr aggressiv war. Aber ich kann meinen Vater entweder verurteilen oder versuchen, ihn zu verstehen.

In meinen Coachings mit Klienten analysieren wir solche Situationen genauer, schauen hinter die Fassade und erkennen die Ursachen, um das Thema an der Wurzel anzupacken. Meine Beobachtung ist, dass immer dort, wo jemand in eine Opferrolle geraten ist, sich früher oder später auch ein Täter zeigt. Was ich damit meine: Wir entscheiden uns unbewusst mit unserer Energie für eine bestimmte Rolle im Leben. Wenn ich mich bisher hauptsächlich als Opfer gesehen habe und ich mir dessen bewusst werde, kann ich Strategien erlernen, um zum Gestalter meines Lebens zu werden. Auf diese Weise bin ich nicht länger Opfer meiner Umstände, sondern wende bewusst Strategien an und weiß genau, wie ich meinen Umständen entgehen kann. Und nicht nur das, ich kreiere von da an bewusst Umstände, die ich in meinem Leben auch wirklich erleben will.

Es ist im Grunde eine vollständige Transformation, vergleichbar mit der Metamorphose von der Raupe zum Schmetterling. Das ist es, was ich den Menschen beibringe. Diese Verwandlung ist aber nur dann möglich, wenn jemand den festen Entschluss fasst, ein erfülltes Leben zu führen und Glück zu finden. Es gelingt jenen, die sich bewusst dazu entscheiden: »Ich will erfolgreich sein, ich will etwas bewegen auf diesem Planeten. Ich will finanzielle Fülle und Fülle auf allen Ebenen erleben. Ich will Großes hervorbringen und bin offen und bereit, dafür so viel Geld zu verdienen, dass es möglich ist.« Denn Geld ist ein Ermöglicher. Ich begleite vorwiegend Menschen, die etwas hinterlassen möchten, wovon viele Menschen profitieren. Menschen, die im Sinne der Liebe handeln.

Mein Ziel ist es, Menschen in den Frieden zu bringen. Ich setze mich dafür ein, dass sie lernen, sich selbst und einander zu vergeben, ohne mit dem Finger auf andere zu zeigen. Ich möchte, dass wir alle uns wieder erinnern, die Essenz des anderen erkennen, und verstehen, dass wir das selbst sind, dass wir alle eins und verbunden sind.

Um dieses Ziel zu erreichen, müssen wir an den tiefsten Kernüberzeugungen arbeiten, um unsere Glaubenssätze zu transformieren und die Einheit und die Liebe zu allem, was ist, zu erfahren.

Was aber ist eigentlich ein Glaubenssatz?

Wenn du als Kind von deinem Vater immer hörst: »Du bist so klein, ich habe keine Zeit. Du bist nicht so wichtig.« In solchen Momenten entwickelst du Überlebensstrategien, die unterschiedlich sein können. Einige Menschen werden rebellisch, andere könnten krank werden, um Aufmerksamkeit zu erregen, und wieder andere könnten zu Ja-Sagern werden. In meinem Fall habe ich damals entschieden, mich entweder tot zu stellen, also in die Ohnmacht zu gehen, quasi »ohne Macht« zu sein. Oder aber einfach den Clown zu spielen, um von meiner Verletzung abzulenken und den Schmerz nicht fühlen zu müssen. Letzteres ist eine klassische Überlebensstrategie, damit die anderen gar nicht merken, wie es uns wirklich geht. Diese Strategie hielt mich damals am Leben.

Ich habe dann immer darauf geachtet, dass alle Menschen in meinem Umfeld glücklich sind. Bereits als Kind habe ich mir vorgestellt, wie es sein wird, wenn ich erwachsen bin, im Fernsehen auftrete und die Menschen zum Lachen bringe. Inzwischen bin ich mehrmals im Fernsehen in verschiedenen Interviews gewesen. Vor allem aber habe ich im übergeordneten Sinne mein

Ziel erreicht. Ich bin meiner Strategie treu geblieben – Menschen wieder zum Glücklichsein zu verhelfen, wenn sie es wollen.

Neben der Überlebensstrategie bildet sich auch ein tiefer Glaube, die Aussagen von damals seien zutreffend. Wir glauben unseren Bezugspersonen und nehmen an, dass sie die Wahrheit gesagt haben. Ihre Sätze werden zu unserer inneren Stimme und letztlich zu unserer Identität. Wir schauen also unbewusst in den Spiegel unserer Vergangenheit. Denn wenn ich unbewusst glaube, dass ich nicht gut genug bin, muss mein Umfeld mir das spiegeln. Schließlich sende ich diese Botschaft ja unwissentlich aus!

Genau das kommt bei den Menschen an, was zu entsprechenden Reaktionen führt. Alle in meinem Umfeld zeigen mir unbewusst, dass ich nicht gut genug bin – und dieser Mechanismus funktioniert sowohl im Positiven als auch im Negativen.

Wenn wir also an diesen im Unterbewusstsein verankerten Sätzen arbeiten, löst sich die alte Identität auf und wir können uns, unsere Denkweise, unsere Wahrnehmung und unsere Realität neu erschaffen.

Über die Branche

Hin und wieder werde ich gefragt, was ich von der Coaching-Branche halte. Manche haben eine wirklich spannende Vorstellung von meiner Arbeit. Aus Erfahrung kann ich sagen, die meisten Annahmen sind Fehlinterpretationen. Meist fragen mich Menschen um Rat, die etwas verändern wollen, und die anderen kommen erst gar nicht zu mir. Schließlich schwinge ich auf einer bestimmten Frequenz und ziehe die Menschen auf der entsprechenden Ebene an. Es kommt äußerst selten vor, dass jemand in meinen Workshops nicht zu mir passt. Da alle Teilnehmer sich bewusst für mein Coaching entscheiden, konzentriere ich mich auf jene, die sich mit mir wohlfühlen und Klarheit wollen. Ich beschäftige mich nie mit jenen, die nicht daran interessiert sind.

Natürlich gibt es manchmal Teilnehmer, die einfach mitgeschleift wurden. Oft sind es Männer im Schlepptau ihrer Frauen. Sie nehmen an meinen Seminaren teil, weil ihre Partnerinnen ihnen das Wissen vermitteln möchten oder weil sie selbst neugierig sind, was ihre Partnerin da macht. In solchen Fällen sind sie zwar anwesend, aber zu Beginn eher zurückhaltend. Kürzlich hatte ich beispielsweise ein Ehepaar, das sich zwar in Scheidung befand, aber dennoch gut miteinander auskam. Sie war aufgeschlossen und schwamm ganz oben auf der Welle, während er komplett verschlossen war. Er war aber nicht stur, sondern einfach deutlich reservierter. Ich habe ihm freundlich gesagt: »Du kannst das annehmen oder nicht.«

Im Laufe der Zeit beobachtete ich, wie er sich immer mehr öffnete. Am Ende gehörte er zu den Leuten, die dir in der Pause Löcher in den Bauch fragen. Im Ergebnis besuchte dieser Mann drei Workshops und beim letzten sagte er: »Danke. Danke, dass ich das alles lernen durfte. Ich bin jetzt viel, viel glücklicher als zu dem Zeitpunkt, als ich das erste Mal zu deinem Workshop kam.«

Schulmedizin, Homöopathie und das große Ganze

Im nächsten und abschließenden Kapitel werde ich ausführlich auf meine Glaubenssätze eingehen, die direkt mit meinem

Lifecoaching zu tun haben. Zuvor möchte ich allerdings noch einige Gedanken zu einem Thema formulieren, das manche Leser wahrscheinlich in meinem Zusammenhang interessiert. Schließlich habe ich eine fundierte Ausbildung und jahrzehntelange Berufserfahrung als Physiotherapeutin – und habe mich dann im weiteren Verlauf zunehmend alternativen Heilmethoden geöffnet, zumal ich auch Heilpraktikerin bin. Wie also halte ich es mit der Homöopathie?

Ich bin ein Fan der Homöopathie und nehme gern die Kügelchen, sogenannte »Globuli«. Homöopathie schätze ich, weil sie ebenfalls mit Schwingungen zu tun hat. Ich bin ihr gegenüber deshalb so aufgeschlossen, weil ich durch meine Ausbildung zur Heilpraktikerin damit in Berührung gekommen bin. Heilpraktiker sind zwar nicht immer Homöopathiefans, aber viele arbeiten gern damit.

In meiner Wahrnehmung sind jene, die nicht daran glauben, einfach noch nicht damit in Berührung gekommen. Das ist für mich genauso wie damals, als alle dachten, die Erde sei eine Scheibe. Da musste erst jemand kommen und erklären, dass die Erde eine Kugel ist – und heute weiß es jeder. Mir ist aber immer wichtig zu betonen: Ich bewerte nicht mehr, weder Dinge noch Menschen. Jeder darf glauben und denken, was er möchte, und genauso steht es mir frei, zu denken, was ich will.

Die Schulmedizin hat ihren Sinn und ihre Berechtigung – keine Frage. Über die Jahre hinweg habe ich viele Ärzte und Schulmediziner kennengelernt, die mir erzählten, was sie in ihrer

Ausbildung gelernt haben. Aber manche greifen nur auf das Fachwissen zurück, das sie während ihrer Ausbildung und darüber hinaus erworben haben. Die ganzheitliche Betrachtung, die ich in meiner Arbeit anwende, hat erst in den vergangenen Jahren an Bedeutung gewonnen. Wenn mir beispielsweise ein Patient mit einem Halswirbelsäulensyndrom (HWS) überwiesen wurde, dann habe ich nicht nur die Halswirbelsäule betrachtet, sondern mir den ganzen Menschen angeschaut. Denn neben der Schulmedizin gibt es noch viele weitere Ansätze und Methoden. Ich sehe sie aber als Ergänzung. Ich bin fest davon überzeugt, dass beide Ansätze zusammenarbeiten können.

Jetzt kommt jedoch ein wichtiger Punkt: Viele Schulmediziner würden sagen, dass es keine wissenschaftlichen Belege für die Aussage »Gedanken sind wirkende Kräfte« gibt. Ihnen fehlen die Fakten, die Beweise. Das betrifft natürlich auch manche Patienten, die gar nicht das Bewusstsein für andere Vorgehensweisen oder sogar Angst vor alternativen Methoden haben. Sie lassen sich lieber schnell operieren, und ich kann das sogar verstehen. Und in einigen Fällen ist das sicherlich richtig, wichtig und sinnvoll. Dennoch halte ich es für wichtig, dass Menschen – je nach ihrer speziellen Krankheitssituation – auf die Botschaften ihres Körpers hören, bevor sie eine Entscheidung treffen. Ich selbst habe so viele Belege für mich in meinem Leben gesammelt und bin auch Zeuge einiger Spontanheilungen geworden, dass ich mich dem alternativen Ansatz auf vollkommen natürliche Art und Weise verbunden fühle.

Das ist auch einer der Gründe, warum ich meine Physiotherapie-Praxen losgelassen habe. Ich bin dort an meine Grenzen gestoßen, allein schon auf Grund gesetzlicher Vorschriften oder bei der Abrechnung mit den Krankenkassen. Ich fühlte mich stark eingeengt, besonders auch zeitlich, da ich mich kaum angemessen um die Patienten kümmern konnte. Die zeitintensive ganzheitliche Betrachtung wird von keinem Kostenträger übernommen. Mit meinem Wissen und meinen Fähigkeiten konnte ich mich in diesem Bereich nicht voll entfalten.

Mein afrikanischer Traum: Ich baue Schulen in Kamerun

Im Oktober 2016 hatte ich während eines VAK-Prozesses, an dem ich teilnahm, eine Vision: Ich sah mich in Afrika und besuchte Kinder in einer Schule. Diesen Moment werde ich nie vergessen. Wie sich die Kinder gefreut haben. Die Freude, das Strahlen und ihr Lachen haben mich tief berührt. Und plötzlich wusste ich: Das ist es. Das ist mein Traum. Schulen in Afrika zu bauen, damit jedes Kind dort seinen Seelenplan verwirklichen kann. Dafür braucht es vor allem Bildung.

Diese Idee hat sich mehr und mehr in mir gefestigt und wurde zu einem konkreten Plan. Doch ich wollte nicht einfach nur Geld verschicken oder es jemandem zustecken, sondern mein persönliches Engagement einbringen.

Später habe ich in einem Workshop bei Damian einen Kameruner kennengelernt. Als ich ihm gegenüberstand, wusste ich sofort: Das ist der Mensch, der mir bei der Errichtung der Schulen helfen kann. Im Jahr 2019 reisten wir gemeinsam nach Kamerun. Wir haben die Familie des Mannes besucht und sind dann von der Hauptstadt aus sieben Stunden in das Dorf gefahren, aus dem er ursprünglich stammte. Die Menschen dort machen noch Feuer in ihren Hütten, und die Hühner laufen einfach quer durch die Küche, während die Frauen in der Schüssel abwaschen. Das waren einfachste Verhältnisse und gleichzeitig lag in ihrer Schlichtheit eine gewisse Schönheit.

Plötzlich brach ich in Tränen aus, denn ich habe gespürt, dass es einen tiefen Zusammenhang mit mir gab. Diese Szenerie war ein Teil von mir!

Inzwischen bin ich mir sicher, dass ich in einem früheren Leben schon einmal dort war. Ich spüre auch eine tiefe Verbundenheit mit meinem kamerunischen Bekannten. Es kommt mir so vor, als wären wir verwandtschaftlich miteinander verbunden.

In seinem Dorf besuchten wir auch die dortige Schule und trafen die Kinder. Dort fehlte es an grundlegenden Dingen und das Gebäude selbst war in einem erbärmlichen Zustand. Es machte mich ganz demütig und traurig zugleich. In diese Kinderaugen zu blicken, hat etwas mit mir gemacht. Zuvor habe ich alles in Kamerun fotografiert, ja ich konnte die Kamera kaum aus der Hand legen, so viele Impressionen wollte ich in Bildern festhalten. Aber als wir mit der Kamera an dieser Schule ankamen, war ich so tief berührt, dass ich die Kamera sofort weglegen musste. In diesem Moment erkannte ich eins zu eins das Bild, das ich Jahre zuvor in meiner Vision gesehen hatte.

Bei meinem Besuch der Schule im November 2019 notierten wir alles, was die Kinder benötigten. Im November 2022 überwies ich die ersten 50.000 Euro an den Verein »Powerherzen für Afrika«. Endlich konnte das Projekt losgehen. In meiner Vision hatte ich exakt 36 Schulen gesehen. Mein Ziel ist es, eine eigene Stiftung zu gründen, die den Bau von Schulen in ganz Afrika im großen Stil realisieren wird. Kurz nach der ersten Geldüberweisung entstanden die Baupläne für eine neue Schule am selben Ort. Angebote wurden eingeholt. Im März 2023 wurde dann der Grundstein für »meine« erste Schule in Afrika gesetzt, gemeinsam mit dem König von Baloum. Im September 2023 wurde sie eröffnet. Der ersten Schule dürfen viele weitere folgen.

KAPITEL 5

Meine Glaubenssätze – konstruktiv, positiv, klar

Irgendwann in meinem Leben stand ich – und ich sehe es noch heute – im Garten an meinem Tulpenbaum, den mir meine Oma mir geschenkt hatte. Dieser blühte wunderbar und ich stellte mir nach oben blickend die Fragen: »Was ist eigentlich hinter dem Himmel? Was bedeutet Unendlichkeit?« Und in diesem Moment begriff ich, dass es Dinge außerhalb von mir gibt, die ich gar nicht kontrollieren kann. Dass zwischen dem Himmel und der Erde Dinge existieren, die ich nicht begreifen kann und die ich auch gar nicht begreifen muss.

Mit diesen Gedanken möchte ich das Kapitel einleiten, in dem ich über das schreibe, woran ich inzwischen glaube und was mir selbst vor vielen Jahren absurd vorkam.

Ich glaube heute, dass wir mehrere Leben haben und dass unsere Seele in einem menschlichen Körper inkarniert, um hier auf der Erde eine Erfahrung zu machen. Kurt Tepperwein spricht an dieser Stelle von der Schuluniform, die wir uns anziehen, um hier etwas zu lernen. Und genauso sehe ich das mit meinen Augen und ich fühle, dass das meine Wahrheit ist. Ich glaube ganz fest daran, dass die Seele in einem menschlichen Körper inkarniert, um hier eine Erfahrung zu machen, um zu erkennen: Wie bin ich denn zu Einheit und göttlich leuchtendem Bewusstsein geworden? Dafür machen wir uns auf die Reise zur Erde – und landen in der Dualität. Heißt: in der Dunkelheit, im Unbewussten, wo wir vergessen haben, wer wir wirklich sind. Wir haben vergessen, dass wir dieses göttliche, leuchtende Wesen sind, und befinden uns jetzt auf einer Reise zurück zu uns selbst.

Das ist meine Wahrheit, daran glaube ich ganz fest. Und es kann sein, dass du, lieber Leser, an dieser Stelle denkst, was ist mit dieser Frau? Ich kann ihr nicht folgen. Dann lies diesen Abschnitt gern noch einmal, lass ihn auf dich wirken und habe nicht den Anspruch, das jetzt mit deinem Kopf zu verstehen. Denn aus eigener Erfahrung kann ich sagen, dass es bei mir auch eine Reise war, um da anzukommen, wo ich heute bin. Ich glaube, dass wir alle auf der Erde sind, um Gefühle zu fühlen. Denn das kannst du als Seele im Himmel nicht. Wenn du mehr dazu erfahren willst, kann ich dir das Buch *Seelenverträge. Absprachen in Liebe* von Leila Eleisa Ayach empfehlen. Es ist eines meiner Lieblingsbücher.

Der scheinbar unbedeutende Flügelschlag eines Schmetterlings – ganz am anderen Ende der Welt – kann bekanntlich Veränderungen auslösen und Großes bewirken. So beschreibt es jedenfalls der sogenannte Schmetterlingseffekt, bei dem der

Schmetterling als Auslöser für eine Kettenreaktion gilt. Gemeint ist damit, dass sogar die kleinsten Dinge Berge versetzen können. Welche Kraft haben dann erst die großen Anstöße? Was können wir dann zusammen bewegen?

In diesem Kapitel zeige ich auf, welche Überzeugungen, Glaubenssätze und Handlungsweisen für mich von Bedeutung sind und wie sie ebenso bei dir einen Unterschied machen und dein Leben grundlegend verändern können. Wann immer ich von meinen persönlichen Erlebnissen berichte, ist der Gedanke dahinter, dass sie dir ebenfalls von Nutzen sein könnten.

Gleichzeitig beschreibe ich in diesem Kapitel einige meiner Eigenschaften und Stärken, die Prinzipien meiner Arbeit und meiner Kommunikation mit anderen Menschen. Bei allem glaube ich an eine göttliche Führung. Ich bin fest davon überzeugt, dass ich göttlich geführt bin und geleitet werde. Ohne einen festen Begriff dafür zu verwenden, nenne ich es gern »in der Anbindung sein« oder auch eine »höhere Führung«. Wenn ich auf einer Bühne stehe, fühle ich mich nie allein. Zahlreiche geistige Helfer sind anwesend. Ich arbeite und lebe in Verbindung mit Engeln.

Meine Wahrnehmung und Wahrheit

Menschen unterstellen mir oft, etwas gesagt zu haben, das ich in dieser Form nie ausgesprochen oder gemeint habe. Ich bin und rede nämlich sehr klar. Ich weiß genau, was ich sage und bin mir meiner Worte bewusst. Aber wenn jemand noch nicht das nötige Bewusstsein dafür hat, versteht er meine Aussagen zunächst nur innerhalb seines persönlichen Denkens.

Daher möchte ich diesen Punkt besonders betonen. Missverständnisse gibt es in der zwischenmenschlichen Kommunikation immer wieder, weil Menschen oft nur das aufnehmen, was sie hören wollen. Diese selektive Wahrnehmung ist weit verbreitet. Andere haben oft Schwierigkeiten, zu erfassen, was der Absender eigentlich gesagt hat. Deshalb sage und schreibe ich auch oft »das ist bei mir persönlich so gewesen«, »in meiner Wahrnehmung ist das so und so«, »das ist nur meine Wahrheit«. Oder: »Das ist meine Sicht auf die Dinge!« Und damit meine ich ausdrücklich nie: »Das ist so und muss auch für dich gelten!«

Schließlich lebt jeder in seiner eigenen Welt und sieht sie durch seine Augen. Jeder von uns hat seine individuelle Wahrnehmung. Vor allem aber basiert »die Wahrheit« immer darauf, was wir als Kind gelernt haben: Hundert Menschen gucken auf dieselbe Blume, aber jeder bewertet sie anders. So nimmst du vielleicht einen anderen Aspekt an dieser Blume wahr als ich. So ist es mit allem im Leben.

Es gibt also nicht »die eine und einzig wahre Wahrheit«, sondern es gibt immer mindestens meine und deine Wahrheit. Deswegen äußere ich mich auch immer sehr bewusst. Ich sage auf der Bühne ja oft so etwas wie: »Glaub mir kein Wort davon. Überprüfe bitte immer, was für dich stimmt. Ich kann nur von mir erzählen. Ich kann nur aus meiner Innenwelt, aus meinen Erlebnissen heraus erzählen.« Oder ich beziehe mich auf die jeweilige Person, von der ich meine Erkenntnis oder mein Wissen übernommen habe. In meiner Wahrnehmung existiert also nicht »die« Wahrheit, sondern lediglich »meine« Wahrheit. Doch bis ich mir erlaubt habe, meine eigene Wahrheit zu denken und auszusprechen, war es ein langer Prozess.

Wortwahl: Gedanken formen dein Leben

Meine Wortwahl ist vorsichtig, ich würde sogar sagen äußert bedacht. Das fing schon 2005 bei Juice Plus an. Damals sagte mein Mentor zu mir: »Achte auf deine Worte, denn sie werden deine Gedanken, deine Taten, deinen Charakter und letztlich dein Leben formen.« Er zitierte damit Marc Aurel, der das bereits 150 Jahre nach Christus gesagt hat. Das war einer der Wow-Momente. »Das stimmt«, sagte ich mir und habe angefangen, mehr und mehr auf meine Gedanken und Worte zu achten.

Der achtsame Umgang mit unseren Worten ist aus mehreren Gründen wichtig. Wir haben viele Redewendungen aus unserer Kindheit übernommen und bis heute beibehalten, die von anderen stammen und nicht unserer wahren Persönlichkeit entsprechen.

Manchmal höre ich mir nochmal eine meiner eigenen Sprachnachrichten aus einer Whatsapp-Gruppe an und erkenne darin die Sprachmuster meiner Mutter. Das hat mich dazu gebracht, mir immer wieder die Frage zu stellen: »Ist das eigentlich meine Wahrheit?« Es gibt so einen schönen Spruch: »Glaube keinem deiner Gedanken. Es könnte sein, dass es nicht dein eigener ist.« Denn wir werden nicht nur von unseren Kindheitserlebnissen und den Glaubenssätzen unserer Eltern und Vorfahren geprägt, sondern auch von der Sprache, die wir erlernen. Tatsächlich ist die Sprache das Erste, was wir bewusst von unseren Eltern lernen, und je nach Kultur ist sie auch sehr speziell geprägt. Wenn einer meiner Kunden etwas sagt, das bei mir alle Alarmglocken läuten lässt, sage ich: »Stopp. Wenn du das wiederholst und aussprichst, brauchst du dich nicht zu wundern, wenn genau das in deinem Leben passiert.«

Heute rede ich sehr klar, einige sagen sogar, ich spreche »druckreif«. Von der schüchternen Steffi von vor ein paar Jahren ist nichts mehr zu hören. Das habe ich mir nach und nach in verschiedenen Coachings selbst beigebracht. Vor allem bin ich in den vergangenen Jahren in meiner Ausdrucksweise immer klarer geworden. Das ist auch notwendig, da ich in meiner Arbeit als Coach immer klare Zielsetzungen mit meinen Kunden anstrebe und dabei sehr viel Klarheit erforderlich ist.

Manchmal können wir auch kleine Dinge in unserer Sprache bewusst ändern, um große Veränderungen zu bewirken. So sage ich sehr oft: »Ich darf andere trainieren«, »ich darf an diesen Ort reisen«, statt einfach nur »Ich mache das und das«. In dem Wörtchen »dürfen« schwingt die tiefe Dankbarkeit gegenüber dem Universum mit, dass ich all diese Erfahrungen machen darf. Es hat eine komplett andere Energie als »müssen«. Gleichzeitig drückt es den freien Willen aus: Ich kann, wenn ich will. Ich muss nichts, außer sterben. »Dürfen« drückt eine Möglichkeit aus, »müssen« eine Notwendigkeit.

Übrigens, da wir gerade über Glaubenssätze und Prägungen sprechen: Nicht nur durch unsere Eltern wurde unser Wortschatz beeinflusst. Die Einflüsse gehen noch viel weiter zurück: Glaubensmuster werden von Generation zu Generation weitergegeben. Etliche Generationen haben wir in unserem Energiefeld. Wenn du also denkst, du bist nur die Person, die du heute bist – sei es eine Katrin oder ein Andreas –, dann hast du dich geirrt. In dir stecken noch Spuren deines Großvaters und dessen Ururgroßvaters.

Das Innere Kind

In den vielen Seminaren, die ich bei Robert Betz zum Inneren Kind besuchte und bei Jeanne Ruland zum Thema »Mit Engeln durchs Leben reisen«, habe ich extrem viel über mich selbst und das Leben gelernt. Dabei wurde mir klar, dass in diesen alten Glaubensmustern, die von anderen geprägt wurden, mein Inneres Kind weiterlebt: die Steffi, die beinahe abgetrieben wurde; die Steffi mit der Panik um die Mutter; die Steffi, die ihren echten Vater nicht kennt; die Steffi, die wegen ihrer Sommersprossen gehänselt wurde – und so weiter.

All das war ein prägender Teil meiner Kindheit und die dazugehörigen Glaubensmuster haben in mir weitergelebt: Die Vorstellung, dass ich nicht wertvoll bin, mich hässlich fühle, mir alles gefallen lasse, um anderen zu gefallen und zu überleben.

Stell es dir so vor: Du sitzt als Kind auf dem Teppich und bist wie ein Schwamm – du saugst alles auf. Was aber kommt in dich hinein? Nur das, was deine Eltern dir beibringen. All diese Verhaltensmuster sind im Unterbewusstsein gespeichert und du hast gar keine Chance, dass es anders laufen könnte – es geschieht automatisch. Wenn du diese Gewohnheiten ändern willst, musst du in die Tiefe gehen und dir die alten Muster wieder bewusst machen. Das bedeutet oft, dass es erst mal schwerer wird, bevor es leichter werden kann. Ja, Persönlichkeitsentwicklung erfordert Disziplin, und manchmal muss man hart an sich arbeiten, um alte Muster zu überwinden. Doch das Gefühl nach einem solchen Prozess ist überwältigend. Es lohnt sich, hindurchzugehen und sich danach wirklich frei und glücklich zu fühlen.

Wenn dein Leben in die falsche Richtung läuft, sei es aufgrund finanzieller Engpässe, Krankheiten, Dramen oder einer toxischen Beziehung, ist es wichtig, zunächst den Zugang zu deinem Inneren Kind wiederzufinden. Da wir alle vom Unbewussten ins Bewusste gehen, glaube ich, dass jeder Mensch diese Veränderung vornehmen darf, wenn er es sich wert ist. Hier setzen die fünf Schritte der Veränderung an: Bewusstsein, Verständnis, Loslassen, Neuausrichtung, Tun. Gern gebe ich dir einen Einblick, wie ich mich mehr und mehr wieder meinem Inneren Kind zugewendet habe.

Wenn ich in meiner Jugend in der Disco war und ich mich klein und hässlich gefühlt habe, wollte ich oft nicht nach Hause, sondern habe mich stattdessen betrunken. Erst viele Jahre später wurde mir klar, dass ich das als Kind auf dem Teppich schon gelernt hatte, nämlich dass man Probleme hinunterschüttet. Als Kind hatte ich im Zusammenhang mit Alkohol bereits viel Schlimmes erlebt und der Umgang mit Alkohol wurde mir vorgelebt. Es war also normal, Alkohol zu trinken und die eigenen Gefühle darin zu ertränken. An eine Szene, in der Alkohol im Spiel war, kann ich mich noch ganz genau erinnern: Wir hatten eine schöne, rot lackierte Sitzbank, die wir liebten. Eines Tages kam ein Freund meiner Mutter vorbei, der in meiner Wahrnehmung Alkoholiker war. Ich habe ihn dafür gehasst, wie er mit unseren Sachen umging. Wir hatten endlich mal eine schöne rote Sitzbank und dieser Typ wollte umräumen und hat sie im Rausch einfach auseinandergesägt. Es gibt viele solcher Szenen in Verbindung mit Alkohol und ich habe jede einzelne Situation gehasst. Das alles hat mich sehr belastet. Jahrelang habe ich darunter gelitten und mich für dieses Verhalten fremdgeschämt.

In den folgenden Jahren besuchte ich jährlich ein bis zwei Urlaubsseminare von Robert Betz und seinem Team. In einem der Seminare wurden wir Teilnehmer aufgefordert, einen Brief an unsere Eltern zu schreiben. Ich habe mich dafür entschieden, meiner Mutter zu schreiben und war erstaunt … Was da alles in mir ist, wie viel Wut, wie viel Hass und wie viel Ablehnung.

Im Laufe der Jahre habe ich gelernt, dass diese Wut auch eine Kraft ist – so wie bei einem Schmetterling, der für mich so ideal die Idee der Transformation verkörpert, die sich sinnbildlich auch auf uns anwenden lässt: Erst kommt er als Raupe auf die Welt, kriecht am und im Boden entlang und lässt sich alles Mögliche gefallen. Irgendwann dann, im Widerstand, entfaltet er seine Flügel.

Und so wie sich der Schmetterling gegen den Widerstand aus dem Kokon presst, habe ich mich durch verschiedene Situationen hindurchbewegt. Dabei gewann ich immer mehr an Bewusstsein und arbeitete mich aus den alten Mustern heraus. Das war – obwohl es um das Innere Kind geht – kein Kinderspiel. Denn starre Verhaltens- und Denkstrukturen führten mich zunächst mal zu Depressionen, Burnout und oft zu Streit mit anderen Menschen und erst später zur eigentlichen Ursache und der Lösung. Die Raupe geht erst nach innen und löst sich im Kokon vollständig auf. Das passiert in dem Moment, in dem Menschen an ihre Grenzen geraten und nicht mehr weiter außen suchen, sondern den Weg nach innen wählen, um sich dann gegen diesen Widerstand mit viel Kraft aus ihrem Kokon zu befreien und endlich fliegen zu lernen.

Mein damaliger Mann sagte einmal, ich solle doch mal das Telefon weglegen, weil wir gerade essen. Daraufhin schrie ich ihn an und rannte dann raus, weil mir bewusst wurde, was ich tue. Und an dieser Stelle habe ich selbst die fünf Schritte der Veränderung angewendet. Denn einmal mehr wurde mir klar, dass ich das als Kind so gelernt hatte. Meine Mutter hat immer geschrien, wenn sie überfordert war. Also habe ich mich davon befreit, meiner Mutter vergeben und mir bewusst gemacht, dass ich die alten Muster meiner Ahnen nicht fortführen muss. Das war eine komplette Neuausrichtung für mein System – und diese Entscheidung für das Neue habe ich deutlich zum Ausdruck gebracht, in dem ich sagte: »Ich bin nicht mehr die Steffi von damals und ich will eine liebevolle Kommunikation führen.«

Das ist natürlich die Kurzfassung. Um erfolgreich zu sein und alte Muster langfristig abzulegen, muss man – ähnlich wie beim Sport oder Muskelaufbau – regelmäßig trainieren und es einstudieren. Obwohl ich damals schon einiges über die Zusammenhänge und das Innere Kind wusste, konnte ich nicht verhindern, als große Steffi trotzdem immer wieder in den Kindermodus abzurutschen. Das kann jedem Erwachsenen passieren. In dieser Phase war der Gedanke an meine Tochter ein großer Ansporn für mich. Ich wollte mein Bewusstsein noch schneller und intensiver verändern, damit ich ihr ein gutes Vorbild sein konnte. Ich wollte eine leuchtende Mama sein, auf die sie stolz sein kann und für die sie sich nicht schämen muss. Aber um diese Mutter für meine Tochter zu werden, musste ich mich nicht nur meiner Vergangenheit stellen. Ich durfte auch ganz bewusst wieder und wieder die fünf Schritte der Veränderung durchlaufen, die ich im nächsten Abschnitt vorstelle.

Veränderung und Erkennen

Hier also die fünf Schritte der Veränderung:

1. Der erste Schritt ist das sich Bewusstwerden und Erkennen, dass es überhaupt ein Problem gibt.
2. Schritt Nummer 2 besteht darin, zu verstehen, woher bestimmte Verhaltensmuster kommen, zum Beispiel von meiner Mutter. Dies, ohne Vorwürfe gegenüber meiner Mutter zu erheben, da sie diese Muster ebenfalls von ihrer Mutter gelernt hat.
3. Schritt Nummer 3 beinhaltet das Loslassen alter Verhaltensmuster.
4. Schritt Nummer 4 ist die Neuausrichtung.
5. Im Schritt Nummer 5 kommt es schließlich zur aktiven Anwendung neuer Denk- und Verhaltensmuster.

Meine Traumata aus der Kindheit zum Beispiel besprach ich mit meinem damaligen Mann. Ich sagte zu ihm: »Erinnere mich bitte daran, wenn ich wieder in das alte Kindheitsmuster falle.« Auf diese Weise habe ich mich dann Schritt für Schritt verändert. Solange du dir dessen aber nicht bewusst bist, kannst du das Muster nicht ändern oder ein Coaching angehen.

Ich sage immer wieder: Du kommst auf die Erde und bist zunächst hilflos. Du musst dich anpassen und verbiegen, um Aufmerksamkeit und Nahrung von deinen Eltern zu bekommen. Und dann? Es gibt verschiedene Überlebensstrategien und Glaubenssätze, die schließlich dein Leben bestimmen. Bis du 30, 40 Jahre alt bist, lässt dich deine Seele meistens in Ruhe.

Danach erwachst du langsam zu deiner Göttlichkeit und erkennst, dass da viel mehr ist als nur dieses Funktionieren, das Befolgen von Regeln und das Handeln nach Vorschrift. Du fängst an, dich zu entfalten und so zu leben, wie du es wirklich willst. Du schaust zurück, stellst dich selbst auf den Prüfstand und denkst: »Das kann doch nicht alles gewesen sein in meinem Leben. Da muss es noch mehr geben.« Genauso ging es mir, als ich meinen Burnout hatte. Ich habe mir dann geschworen: »Ich will dieses Leben so nicht weiterführen.« Also musste ich etwas ändern – und die fünf Schritte der Veränderung haben mein Leben um 180 Grad gedreht.

Die meiner Meinung nach wichtigste Entscheidung war, mich in meinem Leben an die erste Stelle zu setzen. Das hat mit Selbstliebe zu tun, nicht mit Egoismus. Denn wenn jeder Mensch sich zuerst an erste Stelle stellt, seinen Vorgarten aufräumt und seine Themen löst, leben wir alle in Harmonie. Leider haben die meisten Menschen dieses Bewusstsein nicht. Stattdessen zeigen sie mit dem Finger auf andere und geben ihnen die Schuld, ohne zu erkennen, dass drei Finger ihrer Hand auf sie selbst zeigen und sie selbst die Verantwortung übernehmen müssen.

Ich gebe ein Beispiel von einem Klienten, der in einer Session über eine Sache ziemlich in Wut geriet. Ich sagte zu ihm: »Stopp. Was ist das für ein Gefühl und woher kommt es?«

»Ja, es ist Frust«, antwortete er.

»Und woher kennst du das?«, fragte ich weiter.

»Von früher, das kommt von meinem Vater. Vor ihm habe ich mich klein gemacht.«

Daraufhin habe ich mich mit ihm in eine Sitzung begeben, wo wir das Wutthema mit dem Vater geklärt und gelöst haben. In dieser Session haben wir Vergebungsarbeit gemacht. Der Klient durfte dem Vater seine Themen zurückgeben und die Energie veränderte sich. Das funktioniert auch, ohne dass der Vater anwesend ist. Er kann sogar bereits verstorben sein. Denn ich glaube daran, dass wir als Seelen nicht ohne Grund miteinander verbunden sind. Auch über den Tod hinaus können wir auf Seelenebene kommunizieren. Wir haben unsere Vergangenheit nicht ohne Grund erlebt, sondern stehen ständig miteinander in Wechselbeziehung. Dabei sind wir sowohl Opfer als auch Täter und wechseln uns ab, damit wir hier auf der Erde alle Erfahrungen machen können, die wir uns als Seele vorgenommen haben. Im Übrigen glaube ich nicht an Zufälle. Ich glaube daran, dass uns das zufällt, was fällig ist. Ich glaube, dass jeder Regentropfen nicht zufällig, sondern ganz bewusst auf die Erde fällt.

Aus all den gelernten Tools habe ich mittlerweile meine eigene Technik entwickelt und verfeinert, mit der ich sehr schnell und effektiv, punktgenau und nachhaltig Handbremsen lösen kann. Meistens benötige ich dafür nicht länger als 20 bis höchstens 30 Minuten.

Es ist immer mein Ziel als Coach, Trainerin und Speaker, Menschen daran zu erinnern, dass sie Schöpfer ihrer Realität und selbst verantwortlich für alles sind, was sie erleben und wahrnehmen. Sie haben einen freien Willen und die Kraft ihrer Gedanken zur Verfügung. Hierzu gehört auch ein gemeinsames Gespräch über den aktuellen Standpunkt und die Erkenntnis, dass es so nicht weitergehen kann. Der Klient darf erst mal erkennen, dass Veränderung notwendig ist. Wenn der Klient entschieden hat: »So kann es nicht weitergehen«, folgt der zweite Schritt. Man darf sich der Frage stellen: »Wie bin ich denn überhaupt dahin gekommen?« Dazu gehe ich gemeinsam mit dem Klienten zurück in die Kindheit und wir schauen uns an, was bei den Eltern oder Großeltern alles gesehen und gelernt wurde. Wir können nur das hervorbringen, was zuvor in uns hineingeladen wurde.

Erst wenn der Klient ein Verständnis dafür aufgebaut hat, warum sein Leben heute so ist, wie es ist, kann er im dritten Schritt alte Muster loslassen. Indem die Vergangenheit losgelassen wird, ist Raum für Neues und die Neuausrichtung kann beginnen. Bei Schritt Nummer 4 darf der Klient überlegen: »Wie will ich es denn jetzt haben, wenn alles möglich ist?«

Wir holen das Unterbewusstsein mit ins Boot, das den Klienten bisher zurückgehalten hat, erfüllt und glücklich seine eigene Wahrheit zu leben. Wir machen quasi das Unterbewusstsein, das oft Widerstand gegenüber Unbekanntem leistet, von einem Gegner zu einem Unterstützer. Nach diesen vier Schritten kann der Klient mit dem fünften Schritt sein neues Leben beginnen. Jetzt gilt es, das neue Verhalten zu etablieren.

Noch mal kurz zusammengefasst laufen die fünf Schritte der Veränderung also nach folgendem Schema ab:

1. Bewusstsein: Ich muss mir meines aktuellen Themas bewusstwerden, beispielsweise meiner Beziehung zu Männern. Wenn ich verstanden habe, dass ich immer wieder in ähnliche Beziehungsmuster gerate, ist es an der Zeit, den zweiten Schritt zu gehen.

2. Verständnis: Dann schaue ich tief in meinem Unterbewusstsein nach Glaubenssätzen und Überzeugungen, die bisher meine Beziehung zu Männern beeinflusst haben. Und mache mir bewusst, welche Muster etwa meine Eltern mir vorgelebt haben.
3. Loslassen: Ich lasse die alten Muster los und schaffe Platz für Neues.
4. Neuausrichtung: Wenn ich jetzt in mein System neue Überzeugungen lasse, dass ich etwa eine harmonische und wertschätzende Beziehung erleben möchte, finden bestimmte Prozesse statt, die zu einer Neuausrichtung führen. Und dann schwinge ich auf diese neue Art und Weise, weil mein Fokus auf die gewünschte Realität ausgerichtet wurde.
5. Tun: Ich muss den neuen Fokus halten, indem ich ihn an neue Verhaltensweisen kopple und täglich aktiv etwas dafür tue, um mein Ziel zu erreichen.

Coaching bedeutet für mich, Menschen dabei zu helfen, sich ihrer tief verwurzelten Überzeugungen bewusst zu werden und zu erkennen, was sie ändern müssen, um erleben zu können, was sie sich wünschen.

Durch gezielte Fragen schaffe ich Bewusstsein bei meinen Klienten, die in der Krise stecken und bei denen sozusagen »der Kittel brennt«. Dann entscheiden sie selbst, ob sie Veränderungen herbeiführen möchten. Wenn sie sich bewusst für Veränderung entscheiden, kann ich in einer Sitzung oft schnell zur Ursache des Problems vordringen und gemeinsam mit ihnen die Blockaden gezielt auflösen. Wir lösen die Handbremse punktgenau. Es ist eine Gabe, die ich Gott sei Dank vom Universum geschenkt bekommen habe. Dafür bin ich immer wieder sehr dankbar.

Veränderung ist möglich

Wenn du unglücklich mit deinem Leben bist, aber denkst, dass du alles beim Alten belassen kannst, hast du dich getäuscht. Ich möchte dir wirklich keine falschen Hoffnungen machen, sondern dich eher auf eine Illusionsblase hinweisen, in der du dich möglicherweise befindest.

Wenn du dich aus dieser Illusion befreien willst, musst du die Blase von innen heraus zum Platzen bringen. Sie besteht aus einem Gefühl von Beständigkeit, die dir dein aktuelles Leben durch seine Umstände vermittelt. Indem du diese Illusion durchbrichst und den Rahmen deiner bisherigen Realität sprengst, landest du auf dem Boden der Tatsachen. Du springst in ein Meer aus Möglichkeiten und findest heraus, was wirklich möglich ist, ja dass wirklich alles möglich ist.

Denn Fakt ist: Nichts bleibt so, wie es ist – das haben wir gerade in den vergangenen Jahren erlebt. Die einzige Konstante in unserem Leben ist und bleibt die Veränderung. Alles ist in ständiger Bewegung und befindet sich in Transformation. Auch du befindest dich andauernd in Veränderung; ja sogar deine Zellen von früher sind längst verschwunden und wurden durch neue ersetzt. Veränderung ist nicht nur möglich, sondern die einzige Wahl: Wenn du sie nicht selbst triffst, wird das Leben sie für dich treffen. So oder so. Nur dann eben ohne dich.

Die gute Nachricht für dich lautet: Du kannst die Veränderung in deinem Leben willkommen heißen und sie sogar zu deinem Freund machen, auch wenn das erst mal mit Angst verbunden ist.

Veränderung ist eigentlich ziemlich einfach, aber die meisten Menschen wissen nicht, wie es funktioniert. Willst du herausfinden, wie du den Prozess der Veränderung Schritt für Schritt immer wieder meistern kannst, sodass du Übung darin bekommst und dich wie in einer Spirale der Veränderung immer weiter nach oben schraubst? Wachstum kann so einfach sein und sogar Spaß machen.

Wie das geht? Das habe ich dir bereits beschrieben. Mach dir bewusst, dass du als Kind wie ein Schwamm alles aufgesogen hast, was in deinem Umfeld die Norm war. Dein Unterbewusstsein hat dabei nicht ausgewählt, sondern ungefiltert alles in sich aufgenommen und abgespeichert. Da hattest du keine Chance mal ein »Halt! Nein! Stopp!« zu platzieren.

Es floss einfach in dich hinein. Du wurdest nicht gefragt, ob es mit deiner Wahrheit übereinstimmt, und so wurde all das, was du erlebt hast, zu einem Teil deiner Realität und deines Seins. In den ersten sieben Jahren deines Lebens wurde dein Gefäß des Lebens mit diesem Input gefüllt. Alles, was du in dieser Zeit gelernt hast, hat deine Wahrnehmung geprägt. Danach hast du die vorhandenen Inhalte nur noch modifiziert.

Aber du bist mehr als das. Du kannst dein neues Mindset trainieren, das du durch die fünf Schritte der Veränderung im fünften Schritt aktiv in die Tat umsetzt. Sollte doch noch einmal etwas Altes auftauchen, sage einfach: »Stopp! Lösche das Programm. Ich denke neu.« Denn wenn du auf das Drama fokussierst, wirst du mehr Drama erschaffen. Das, worauf du deine Aufmerksamkeit richtest, wächst. Überlege dir also, wo du hinmöchtest und was du dafür loslassen und tun musst, um dorthin zu gelangen.

Dann kommen erfahrungsgemäß die Menschen in dein Umfeld, die dich auf diesem Weg unterstützen. Frage dabei immer jemanden, der bereits dort ist, wo du hinwillst. Denn nur ein Bergführer, der den Weg schon einmal vor dir gegangen ist, kann dich optimal anleiten. Ein Tipp von mir, um solch eine Veränderung noch schneller zu bewirken: Lass Energievampire los. Ein Umfeld, das dich herunterzieht, beeinflusst deine Gedanken negativ, was wiederum deine Gefühle beeinflusst. Unsere Gefühle steuern unsere Entscheidungen meist mehr, als uns lieb ist. Finde also ein Umfeld, das ebenso große Ziele hat wie du und sie womöglich schon erreicht hat. Denke groß! Erlaube dir, in größeren Dimensionen zu denken als jemals zuvor. Stell dir vor, was du erreichen willst und auch wirst. Stell es dir so vor, als hättest du es bereits erreicht. Visualisiere es jeden Morgen nach dem Aufwachen und/oder jeden Abend vor dem Einschlafen. Kreiere dir mithilfe deiner Vorstellungskraft deinen perfekten Tag.

So ziehst du in dein Leben, was immer du willst. Du kannst alles erreichen, was du dir nur vorstellen kannst. Manifestiere das Leben, das du dir wünschst, aber bedenke: Dabei ist es wichtig, deine Ziele GENAU zu formulieren. Nur so kann dich das universelle kosmische Taxi exakt dorthin bringen, wo du schon immer hinwolltest. Veränderung ist möglich! Verschaffe dir Klarheit, denn Klarheit führt zu Macht und macht dich wieder handlungsfähig. Ich werde dir später noch näher erläutern, was es mit Zielen und der Bedeutung von Klarheit im Detail auf sich hat.

Hellsehen, Hellhören und Klarwissen

Im Laufe meines Lebens habe ich erkannt, dass ich hellsichtig und hellhörig bin. Man kann dies auch als »Klarwissen« bezeichnen. Tatsächlich habe ich vieles gesehen, das später tatsächlich eingetreten sind. Für mich sind das natürliche übersinnliche Wahrnehmungen; nur leider sind sie nicht jedem bewusst. Meiner Auffassung nach haben viele Menschen diese Fähigkeiten. Sie beschäftigen sich aber nicht aktiv damit und so verrosten ihre besonders feinfühligen Antennen und die Gabe verkümmert. Nicht wenige Menschen bewahren sich ihre Feinsinnigkeit. Ich rede hier von Leuten, die sehr empathisch sind oder über einen sogenannten siebten Sinn verfügen.

Irgendwann habe ich gemerkt, dass ich über diese Gabe verfüge. Damit einher geht, dass ich Manches nur denken muss und schon passiert es. Das sind nicht immer weltbewegende Ereignisse, oft handelt es sich um Alltägliches. Wenn ich zum Beispiel an eine Person denke, ruft sie mich plötzlich an.

Einmal ging ich zu meinem Steuerberater und wollte nur zwei Weihnachtsgeschenke für seine Mitarbeiter übergeben. Auf der Hinfahrt dachte ich: »Ich habe so einen Hunger. Am liebsten würde ich essen gehen.« Da hat er plötzlich vorgeschlagen, dass wir alle gemeinsam essen gehen.

Ein paar Tage zuvor hatte meine Putzfrau, eine wahre Perle, aus heiterem Himmel überraschend das Handtuch geworfen und gekündigt. Sie schmiss alles hin und sagte, dass sie nicht mehr wiederkomme. Ich reagierte darauf ziemlich gelassen, weil ich spürte, dass für alles gesorgt ist. »Oh«, habe ich zu meinen Engeln gesagt, »da ist wohl nun Platz für etwas Neues.« Und die Engel haben großartige Arbeit geleistet, denn bereits zwei Tage später hatte ich eine neue und perfekt passende Perle gefunden.

Das waren jetzt nur ein paar Beispiele aus dem Alltag, aber so geht es mir den ganzen Tag. Ich weiß, dass meine Gedanken wirkende Kräfte sind. Gerade weil das so ist, kann ich dem Universum ganz klar sagen, wie ich es haben will und sozusagen meine Bestellung aufgeben. Dazu müssen wir nur wissen, wie wir es haben wollen.

Daher sage ich meinen Klienten immer wieder: »Wenn ich sehe, was ich in meinem Leben fabriziert habe, muss ich mir die Frage stellen: ›Gefällt mir das?‹«

Wenn die Antwort ja lautet, kann ich es so belassen. Wenn es mir jedoch nicht gefällt, muss ich mir die Frage stellen, welche neuen Gedanken ich entwickeln, was ich neu denken möchte. Hierbei geht es natürlich in erster Linie darum, zu erkennen, was ich genau möchte.

Einfach so drauflos denken und ohne Ziel neue Gedanken zu denken, bringt dich nicht wirklich voran. Stattdessen schaue ich immer zuerst, wer bereits Ähnliches erreicht hat. Dann frage ich diese Person einfach, wie sie es geschafft hat. Um dasselbe für mich zu erreichen, nutze ich meine eigenen Techniken, die im Unterbewusstsein wirken. Im Laufe der Zeit habe ich gelernt, meiner Intuition zu vertrauen.

Jeder Mensch hat fantastische Fähigkeiten: Ich habe vom Universum die Gabe mitbekommen, dass ich im Gespräch mit meinen Klienten meistens innerhalb von nur 20 Minuten direkt am Ursprung des Dramas ankomme – und es punktgenau auflösen kann. Eben, weil ich mich darauf einlasse, dass Probleme nicht mit dem Kopf zu lösen sind, sondern mich vom Herzen führen lasse. Das ist meine innere Führung. Wenn ich mit jemandem zusammenarbeite, bin ich für diese Zeit mit seinem Energiefeld verbunden. Dann bitte ich darum, »innere Führung« zu erhalten, und frage auch immer nach, was jetzt geheilt werden darf.

Wer jetzt denkt: »Die spinnt doch!« oder »Das klingt ja total seltsam!«, dann ist das vollkommen okay für mich. Ich halte mich an jene, denen ich mit dieser Gabe helfen kann. Schließlich kommen meine Klienten aus genau diesem Grund zu mir. Sie spüren, dass ich ihnen helfen kann und lassen sich auf meine Methode ein. Jeden Tag bin ich dankbar für das Vertrauen, das mir geschenkt wird.

Außenstehende, die den Prozess nicht miterlebt haben, verstehen das oft nicht. Sie haben sich nie mit dem Inneren Kind beschäftigt und können es deshalb nicht nachvollziehen. Sie haben Schwierigkeiten, meine Arbeit zu verstehen, und das ist mir vollkommen klar.

Ja, hätte man mir das früher erzählt, hätte ich auch die Augen verdreht. Aber bei den Sitzungen mit Robert Betz ist mir irgendwann aufgefallen, dass ich nur die Augen schließen muss, um etwas zu sehen. So kann ich in andere Leben schauen und in diesem Moment in gewisser Weise in zwei Welten sein. Aber egal, wie wir es nennen – es ist immer wieder faszinierend für mich, auf diese Weise »durch die Zeit zu reisen«. Albert Einstein hat es schon erklärt: Zeit ist relativ. Und daher funktioniert das »Reisen« nicht nur in der Vergangenheit, sondern auch in die Zukunft.

Ich habe beispielsweise einmal von einem Unfall geträumt, ganz konkret. Und am selben Tag bin ich abends Richtung Leipzig gefahren und bin dabei an einem Unfall vorbeigekommen – mit haargenau demselben Setting. Ein weiteres Mal habe ich von einem Unfall an einem Bahnübergang geträumt. Kurze Zeit später hat ein Schrankenwärter vergessen, die Schranke herunterzulassen, was zu einem Unglück führte.

Ein anderes Mal bin ich in eine Autowaschanlage gefahren und mir kam der Gedanke: »Dann kann man bei einem Unfall den Schaden am Auto besser sehen!« Am selben Abend, als ich zusammen mit meiner Tochter zum Tierarzt gefahren bin, rauschte ein anderes Auto in uns hinein.

War das Vorsehung? Heute bin ich überzeugt davon, dass unsere Gedanken wirkende Kräfte sind und wir genau darauf zu achten haben, was wir zuvor aussenden.

Auch vor meiner dritten Hochzeit sagte ich dem Universum: »Wenn das nicht die absolute Vollkommenheit ist, lass es mich bitte wissen.« Tja, und daraufhin sagte mein Verlobter die Hochzeit ab. Für mich sind das übrigens keine Zufälle, wie manche vielleicht denken mögen, sondern Vorahnungen oder besser gesagt: Das Leben antwortet uns immer.

Was die Hellhörigkeit angeht, scheinen verschiedene Kanäle in mir offen zu sein. Dadurch höre ich manches schon im Voraus. Mein Vater pflegte früher immer zu mir zu sagen: »Warum lässt du die Menschen nicht ausreden?« Damals verstand ich die Frage überhaupt nicht und dachte mir: »Was will er damit sagen?« Erst später wurde mir bewusst, dass das nicht bei allen Menschen so ist.

Wenn mir heute zum Beispiel Klienten etwas erzählen, bekomme ich oft schon die komplette Botschaft, bevor sie überhaupt fertig sind. Ich verstehe sie ohne Worte und begreife vielmehr mit dem Herzen, was sie mir sagen wollen.

Das Autobahnorakel: Fragen und Zahlenkombinationen

Wer fragt, der führt. Das ist eine meiner wichtigsten Grundregeln, die ich auch lehre. Denn durch das Fragenstellen können wir uns weiterentwickeln. Dabei gibt es mehrere Möglichkeiten. Eine folgt meiner Devise: Jede Herausforderung lässt sich durch maximal zwei Anrufe lösen. Das heißt, ich frage jemanden, der sich mit meinem Anliegen auskennt. Und falls ich niemanden kenne, frage ich jemanden, der jemanden kennt, der mir weiterhelfen kann.

Die anderen Antworten finde ich tatsächlich im Universum. Das Universum spricht den ganzen Tag mit uns. Die Frage ist, ob du die Zeichen schon erkennst? Zum Beispiel arbeite ich mit dem Buch *Die Zahlen der Engel* von Doreen Virtue und mit Zahlenkombinationen aus den russischen Heilmethoden. Ich stelle Fragen, und Zahlenkombinationen, die mir wiederholt begegnen, geben mir die Antworten. Wenn ich beispielsweise auf der Autobahn unterwegs bin und Autokennzeichen mit Zahlenkombinationen sehe, fange ich an, diese Zahlen zu analysieren. Das hat sich über die Jahre für mich immer mehr zu einer Quelle der Erkenntnis entwickelt und besonders dazu beigetragen, dass sich für mich die Tore zur geistigen Welt weit geöffnet haben.

Sehe ich zum Beispiel eine 777, steht bei Doreen Virtue geschrieben: »Herzlichen Glückwunsch. Du hast gut auf deine göttliche Führung gehört und diese Weisheit in fruchtbare Taten umgesetzt. Jetzt ernte die Früchte, damit dein Erfolg inspiriert. Das hilft anderen. Daher fahre bitte mit deiner guten Arbeit fort.« Wenn ich diese Zahlenfolge sehe, nehme ich das als Zeichen und Bestätigung der Engel für mich. Oder die Zahlenreihe 667: »Du bist auf dem richtigen Weg, materielle Illusionen von Mangel und Rivalität in uneingeschränkte Versorgung umzuwandeln. Halte deine spirituelle Praxis des Betens und der Meditation aufrecht, um ein Gleichgewicht zu erzielen.« Dann weiß ich, dass es Zeit ist für Rückzug und Reflexion.

Es hört sich vielleicht merkwürdig an, aber vor allem auf der Autobahn habe ich angefangen, Fragen zu stellen und durch die Autos mit ihren Nummernschildern Antworten zu erhalten. Wer schon einmal als Beifahrer mit mir im Auto gesessen hat, weiß inzwischen, dass er in dieser Zeit für mich im Buch nachlesen darf. Durch das sogenannte »Autobahnorakel«, wie ich es getauft habe, habe ich gemerkt, dass das Universum den ganzen Tag mit uns spricht. Von da an habe ich die Zeichen überall bemerkt. In dieser Zeit habe ich auch begonnen, viel Zeit in der Natur zu verbringen, und schon oft sogar in Wolkenbildern eine Antwort auf wichtige Lebensfragen erhalten. Mir wurde bewusst, dass die Natur unser Spiegel ist, dass wir ein Teil von ihr sind, und wenn die Natur in ihrer Fülle erblühen kann, bin auch ich grundsätzlich ein Teil dieser Fülle.

Reden aus der Anbindung

Ich ticke wirklich anders. Das habe ich durch lange Beobachtung herausgefunden. Wenn ich spreche, kommt es »aus der Anbindung«. Das bedeutet, ich denke mir nicht auf klassische Art und Weise im Kopf aus, was ich sage. Um es vielleicht noch verständlicher auszudrücken: Stell dir vor, ich schalte einen Kanal ein und strahle den Inhalt aus. Dann bin ich sozusagen auf Sendung: Es sprudelt es aus mir heraus und ich rede einfach drauflos.

Aus diesem Grund kann ich mich auf kurze und präzise Fragen viel besser einstellen, weil ich oft schon die komplette Sendung bekomme, noch während mein Gegenüber spricht. Wenn dann mein Redefluss unterbrochen wird, ist die Verbindung gestört und die Übertragung wird abgebrochen. In diesem Fall schließt sich der Kanal wieder und ich verliere den Faden, sodass ich es gern vermeide, unterbrochen zu werden. Ich kann die Verbindung zwar wiederherstellen, den Kanal erneut öffnen, aber zunächst wird mein Redefluss unterbrochen. Manchmal stört mich das, aber inzwischen habe ich mich daran gewöhnt, dass mein Reden nicht auf klassischem Denken basiert, und ich lasse es einfach fließen. Die Reaktion der Teilnehmer bestätigt mich darin, jeder fühlt sich gesehen und gezielt angesprochen. Ich diene gern als Kanal, um andere in ihre wahre Größe zu bringen.

Daher kann ich für meine Auftritte auch kein Skript schreiben, an das ich mich dann halte. Natürlich überlege ich mir vorher, was ich gern sagen würde, notiere mir dazu aber nur Stichworte. Vor zwei Jahren habe ich in Griechenland ein Seminar veranstaltet und nahm Hunderte Seiten Unterlagen mit. Die habe ich alle nicht gebraucht. Was ich dann gesagt habe, hat als Stichwortsammlung auf einen einzigen Zettel gepasst. Ich kann mich da voll drauf verlassen; ich brauche immer nur ein paar Eckdaten, der Rest fließt einfach. Die Transformation der Teilnehmer spricht dann für sich.

Unternehmerisches Denken, Vermögen und Geld

Für mich war es in der DDR nicht vorgesehen, große Reichtümer anzuhäufen. Auch habe ich in meinem Umfeld niemanden gekannt, der unternehmerisch gedacht hat. Ich musste also nach der Wende 1989 eine persönliche Entwicklung durchlaufen, um über den Tellerrand hinauszuschauen – und das galt für mich immer noch, als ich schon lange Zeit selbstständig war (was ich ja noch heute bin). Denn selbstständig zu sein und 19 Mitarbeiter zu haben, heißt noch lange nicht, dass man automatisch auch unternehmerisch denken kann.

Von außen betrachtet war ich mit meinen zwei Praxen zwar eine mittelständische Unternehmerin, aber all das im begrenzten und festen Rahmen unseres Gesundheitssystems. Das lässt einerseits kaum Flexibilität und Freiraum zu, anderseits bekommt man dadurch auch Leitplanken, die Stabilität und Richtung geben. Das bietet eine gewisse Sicherheit, ist aber auch etwas Starres und es macht bequem. Das Mindset eines Vollblutunternehmers entwickelt man so nicht.

Wie macht man sich also fit fürs Business, um zu wachsen oder neue Wege zu gehen? Zuerst sollte man, wie in anderen Lebensbereichen auch, darauf achten, welchen Glaubenssätzen man folgt, also welche inneren Programme gespeichert sind. Manche Menschen sind zum Beispiel erfolgreich, haben aber Schuldgefühle und ein schlechtes Gewissen, wenn es darum geht, reich zu werden, weil sie viel Schlechtes über Reiche gehört haben oder der mehrheitlichen Ansicht über das Reichsein nicht entsprechen wollen. Bei anderen gab es in der Familie immer wieder Diskussionen über Geld. All das sind

Aspekte, die unbewusst ablaufen und einen starken Einfluss auf das Geschäft haben können. Denn wenn ich etwas unbewusst ablehne, rebellisch reagiere und falschen Prinzipien folge, kann ich mit dem Hinterteil einreißen, was ich vorne aufgebaut habe.

Ob ich reich oder arm bin, hängt nicht nur davon ab, ob ich als Baby auf einem Teppich im Haus eines Millionärs aufgewachsen bin oder in einem ärmlichen Haushalt das letzte Stückchen Brot gegessen wurde. Da spielt es nicht einmal eine Rolle, ob Startkapital existiert oder nicht, so hilfreich das auch sein kann, sondern es geht um das damit verbundene Mindset.

Ich bin seit mehr als 32 Jahren selbstständig. Von Anfang an hatte ich stets genug zu tun und habe in der Physiotherapie immer gutes Geld verdient, wobei ich zuerst meine Angestellten bezahlt habe. Abhängig von unserer eigenen Erziehung behandeln wir uns und unsere Mitarbeiter liebevoll oder weniger liebevoll. Aber andere Menschen waren für mich immer wichtiger als ich selbst. Der Grund lag größtenteils darin, dass ich mich aufgrund meiner Vergangenheit wertlos gefühlt und selbst nicht geliebt habe.

Lange Zeit habe ich mich nicht um mich selbst gekümmert, so stark waren die Prägungen aus meiner Kindheit. Erst vor zehn Jahren bin ich darauf gekommen, dass ich mich zuerst bezahlen sollte. Das bedeutet nicht, dass meine Mitarbeiter auf pünktliche Bezahlung warten mussten, sondern dass ich die Prioritäten in meinem Leben neu gesetzt habe. So ziehe ich Menschen in mein Leben, die nicht über ihr Ego handeln, sondern mit dem Herzen dabei sind.

Obwohl ich erfolgreich zwei Praxen aufgebaut und geführt hatte, spiegelte sich das nicht immer in meinem Selbstbewusstsein wider. Genauso wenig zeigte sich der Erfolg in meinem Geldvermögen. Mein Einkommen Anfang der 1990er-Jahre lag vielleicht bei 10.000 D-Mark im Monat (verglichen mit den 573 Ostmark aus DDR-Zeiten und auch generell war das unglaublich). Doch davon ist kaum etwas übriggeblieben. Ich wusste anfangs nicht, wie ich damit umgehen sollte.

Ich habe immer unbewusst Angst gehabt und der vorherrschende Gedanke in meinem Kopf war: »Hoffentlich kann ich alles bezahlen. Schaffe ich das?« Diese Angst führte unbewusst dazu, dass ich keinen richtigen Plan hatte. Als ich zum ersten Mal Einnahmen von über 10.000 D-Mark hatte (das entspricht 5.113 Euro, aber vor mehr als 30 Jahren), habe ich zunächst all meinen Geschwistern einen Gefallen getan. In mir gab es eine Stimme, die mich an meine Kindheit erinnerte und ich wollte sie gern an meiner Fülle teilhaben lassen. Ich war ohne große Reichtümer aufgewachsen. Geld zu besitzen, besonders mehr Geld zu haben als andere, fühlte sich komisch an – genauso wie bei meinem Porsche.

Auch dabei hatte ich Angst, von anderen bewertet oder abgelehnt zu werden oder als etwas Besseres zu gelten. Das lief natürlich alles unbewusst ab. In meiner Familie gab es, wie erwähnt, früher immer Streit um Geld. Und diese Erfahrungen waren nach wie vor in mir gespeichert. Erst durch intensives Training und dank meiner Coaches habe ich gelernt, die alten Muster abzulegen und bewusst mit Erfolg und Reichtum umzugehen.

In meinen Praxen behandelte ich auch viele Privatpatienten und Selbstzahler. Für eine manuelle Therapie, eine halbe Stunde anstrengender Arbeit, habe ich mich nicht getraut, mehr als einen geringen Betrag zu nehmen. Ich habe erst später gelernt, was ich wert bin, dass ich wertvoll bin, und habe mir erlaubt, dafür auch das entsprechende Honorar zu verlangen.

Ich habe, in meinem »zweiten Berufsleben«, selbst erhebliche Beträge für meine Coachings bezahlt, inzwischen mehr als 1Million Euro – um zu der Person zu werden, die ich heute bin. Immer mehr wurde mir da bewusst, dass es bei den Leistungen, die ich selbst anbiete, um qualitativ hochwertige Sessions mit tiefgreifender Veränderung und nachhaltigen Ergebnissen geht – die natürlich ihren Preis haben. Mit einem gewissen Honorar spricht man auch eine bestimmte Klientel an: Menschen, die den Willen zur Veränderung haben. Gleichzeitig bin ich auch (kostenlos) für eine breitere Masse da, indem ich beispielsweise Webinare halte oder bei Facebook und auf Instagram live gehe und mein Wissen und meine Energie mit anderen teile.

Inzwischen habe ich – neben meiner Hauptarbeit, dem Coaching, – mehrere Einnahmequellen: Ich betreibe Affiliate-Marketing (eine Online-Vertriebsmethode über Internetlinks auf Provisionsbasis) und nach etlichen Workshops zu Immobilien und Investments habe ich auch Wohnungseigentum zum Vermieten, ETFs und Aktien in größerem Umfang erworben.

Den meisten Menschen fehlt das Wissen in puncto passives Einkommen – und das ist schade. Jeder kann es erwerben, wenn er dazu bereit ist. Aber das geschieht nicht von allein und erfordert auch eine Änderung des Mindsets sowie eine absolute Entscheidung zur Veränderung. Inzwischen habe ich über 1 Million Euro in mein Mindset und meine eigene Weiterbildung investiert, um das Wissen zu erlangen, das ich heute weitergeben darf. Manche Menschen verwirrt das und viele scheinen sich solche Summen noch nicht einmal vorstellen zu können.

Zudem muss man ein Business auch als Investment ansehen, nicht nur als Geldanlage. Das bedeutet, dass man zunächst Geld ausgeben muss, um später Gewinne zu erzielen und die Fähigkeit zu besitzen, viel Geld zu kreieren. So habe ich in meine Trainerausbildung investiert, um in meinem eigenen Workshop später ein Vielfaches des Investments zurückzubekommen.

Ich habe auch hohe Investitionen ins Marketing getätigt. Doch auch hier arbeite ich mit dem Universum zusammen: Sichtbarkeit zum Beispiel läuft auch über das Unbewusste des Menschen. So habe ich in Hannover in Flughafenwerbung investiert. Dort werbe ich für mich und meine Dienstleistung, gleich am Gepäckband und auf Bildschirmen. Das kostet wahnsinnig viel Geld. Aus unternehmerischer Sicht benötige ich aber nur etwas mehr als zwei Kunden, die je ein Jahrespaket erwerben, um diese Kosten wieder einzuspielen. Diese Flughafenwerbung wird an Millionen von Menschen ausgestrahlt und die Bilder werden bewusst oder unbewusst wahrgenommen. Sichtbarkeit ist wichtig. Die Menschen freuen sich und ich bekomme oft Feedback dazu, wenn mir Follower Videos senden.

Wir sind alle ein Teil der Natur, und im Leben strebt alles nach Wachstum. Die Prinzipien, die in Wirtschaft, Finanzen und Geldanlagen gelten, basieren auf denselben universellen Gesetzmäßigkeiten wie in allen anderen Lebensbereichen. Wenn du eine bestimmte Geldsumme in dein Leben ziehen willst, musst du aktiv werden, denn es passiert nicht von allein. Um jedoch jenen das Glück zu ermöglichen, die auch etwas dafür tun, wende ich bestimmte Techniken an, die ich in meinen Seminaren und Coachings an sie weitergebe. Es handelt sich um Techniken, die im unbewussten Teil wirken. Im Unterbewusstsein ist alles gespeichert, was wir als Kind erlebt haben, es muss dort verändert werden. Es geht um Fokussierung und Ausrichtung. Um anzukommen, muss ich genau wissen, wo ich hinwill. Das erarbeite ich mit meinen Klienten haarklein.

Mit diesen Coachingtechniken macht man das Ziel greifbarer, messbar und berechenbar und dadurch auch erreichbar. Sowohl für mich als auch für meine Klienten. Tue ich das nicht, kommen meine Klienten oft mit allen möglichen Gründen, meistens Ausreden, warum sie ihr Ziel noch nicht erreicht haben oder nicht erreichen können. Deshalb ist dies absoluter Bestandteil meines Wirkens. Ein Muss, bevor es überhaupt losgeht. Unter anderem lösen wir die Handbremse, also die unbewussten Glaubenssätze, die wie ein Sabotageprogramm gewirkt haben.

Auch wenn es ein wenig nach Buchhalter klingen mag, ist das Business gerade für Selbstständige und in Vertriebsbereichen oft eine Rechenaufgabe. Bei mir denken manche Leute, auch aus der Familie, immer kritisch: »Es geht der ja nur ums Geldverdienen.« Ja, auch, und das Geld ist dabei ein Mittel zum Zweck. Wenn du eine bestimmte Summe benötigst, musst du oft bis ins kleinste Detail planen, wie du sie erreichst: Wie viele Menschen musst du ansprechen? Wie viele Stunden Kaltakquise sind notwendig, damit soundso viele Menschen »ja« sagen? Durch meine Fragen, die Antworten benötigen, bringe ich Klarheit in die Situation. Und darauf aufbauend erarbeiten wir, was sie genau tun müssen.

Wenn ich eine bestimmte Summe verdienen möchte, schreibe ich mir die Zahlen auf fiktive Schecks. Wenn ich diese Schecks betrachte, wird das Unterbewusstsein aktiviert. Dabei ist es wichtig, meine Einnahmen und Ausgaben genau zu kennen und zu verstehen, wo ich hinwill und welche Kosten damit verbunden sind.

Ich glaube, dass jeder Mensch ein Recht auf Reichtum sowie Fülle und Erfüllung auf allen Ebenen hat. Fülle kommt von Erfüllung, die wiederum Fülle auf allen Ebenen bewirkt.

Gewinn mit der zweiten Praxis

Gerade im Bereich Marketing habe ich gelernt. Ich habe das für mich neu erworbene unternehmerische Denken dann auch beim Verkauf meiner ersten und Hauptpraxis eingesetzt, die ich zuletzt verkauft habe. Die Praxis war seit 30 Jahren an einem alteingesessenen Standort. Als Ablösesumme habe ich 160.000 Euro erhalten. Die andere, zuerst verkaufte Praxis hatte ich erst 1996 eröffnet. Sie war bei Weitem nicht so bekannt und es gab in der Gegend auch mehr Konkurrenz. Aus diesem Grund, aber auch wegen meines mangelnden Verkaufsgeschicks, bekam ich dafür weniger.

In meiner Hauptpraxis bin ich dagegen groß geworden. Ich hatte dort mit 16 Jahren gelernt und sie dann im Jahr 1991 mit 24 Jahren übernommen. Diese Praxis war immer ausgebucht, und ich hatte zuletzt mehr als 10.000 Patienten als Kundenstamm. Die Leute kamen sogar aus Dresden und Meißen zu mir. Immerhin befindet sich die andere, zuerst verkaufte Praxis in einer meiner Eigentumswohnungen, sodass ich nach wie vor Mieteinnahmen erziele.

Wie habe ich nun beim zweiten Verkauf einen höheren Kaufpreis generieren können? Ich habe zu demselben Käufer gesagt: »Du wirst ja wohl davon ausgehen, dass die zweite Praxis teurer ist?«

»Richtig«, hat er gesagt.

»Ja, Schatz. Das ist mein Lebenswerk. Richtig? Und wahrscheinlich hast du das Geld für die erste Praxis auch schon wieder drin. Richtig? Okay, ich habe zwei Angebote bekommen für soundsoviel. Was ist denn der bestmögliche Preis, bei dem du noch ruhig schlafen kannst?«

Was hat er wohl gesagt? »Ich gehe mit.«

Und ich: »Prima, alles klar. Der Kaffee geht auf mich.«

Handschlag und gemacht.

Ich hatte inzwischen eine große Selbstsicherheit entwickelt, besonders da ich die zweite Praxis nicht dringend verkaufen musste, zumal sie mein Lebenswerk war. Da habe ich mir eben überlegt: »Was ist das Gute daran? Was hat der Käufer davon, wenn er die Praxis kauft?« Es ist eine gutlaufende Praxis. Es würde zehn Jahre dauern, um etwas Vergleichbares aufzubauen und in Gang zu bringen. Und ich lag richtig, ich kannte meine Praxis ja gut: Sie läuft bis heute »wie geschnitten Brot«.

Ziel: Finanzielle Freiheit

Wie alles im Leben ist auch Geld pure Energie. Dein Geldwert im Leben spiegelt erfahrungsgemäß deinen Selbstwert wider und ist mit ihm gleichzusetzen. Schau also auf dein Bankkonto: Wie steht es um deinen Selbstwert? Dein Bankkonto fungiert wie ein Spiegel für das Maß an Fülle in dir. Interessant, oder? Wir kreieren immer von innen nach außen. Wenn also außen Geld fehlt, darfst du nach innen schauen, die inneren Blockaden lösen und an dem arbeiten, was dich davon abhält, in der absoluten Fülle und Erfüllung zu leben.

Würde sich Geld bei dir wohl und willkommen fühlen? Vielleicht erinnerst du dich an Prägungen aus deiner Kindheit, wie »Geld ist nicht so wichtig« oder »Das können wir uns nicht leisten«. Daraus ergibt sich meine nächste Frage: Wie würdest du dich fühlen, wenn man dir heute sagen würde, dass du *»nicht so wichtig«* bist?

Doch ab dem Moment, in dem du dem Geld ein freundliches »Herzlich willkommen in meinem Leben« und »du bist wertvoll« entgegenbringst, wird es sich wohlfühlen, länger bei dir bleiben und sicherlich auch noch ein paar seiner Freunde mitbringen.

Wie klingt das? Wie fühlt sich das für dich an? Wäre es toll, so ganz anzukommen im Leben der Fülle, des Erfolgs und des Reichtums – und dort zu bleiben?

Was du dir selbst wert bist, was du als Wert aussendest, das kommt vielfach zu dir zurück. Bist du dir wert, dir selbst das Beste zu gönnen? Du sendest eine bestimmte Schwingung ins Universum und es kommt genau das zu dir zurück, was du ausgesendet hast. Und zwar auf vielfache Art und Weise. Es ist ein universelles Gesetz.

Diese neue Sichtweise auf meine Finanzen habe ich bei Damian in der Finance Masterclass kennenlernen dürfen und in dem Buch *So denken Millionäre* von T. Harv Eker. Dort habe ich unter anderem erfahren, wie ich mein Geld in verschiedene Töpfe aufteile, sodass tatsächlich und zu jeder Zeit Geld in Hülle und Fülle vorhanden ist. Ich habe gelernt, neu über Geld zu denken und auch vollkommen anders mit meinen Finanzen umzugehen. Die wichtigste Veränderung in der Beziehung zu meinen Finanzen war jedoch die Arbeit an meinem eigenen Wert. Wer einen geringen Selbstwert hat, kann lediglich das erwarten, was er aussendet. Alles andere passiert nur zufällig und ist schneller wieder weg, als man gucken kann, wenn man die Innenwelt nicht mitnimmt.

Wenn im Inneren keine Wertigkeit vorhanden ist, wird auch der Gegenwert außen ganz schnell wieder das Weite suchen. Wenn wir uns innen nicht wertvoll fühlen, verschwindet auch der äußere Wert schnell. Hier greift das Prinzip der Resonanz. Gleich und Gleich gesellt sich gern (und nicht »Gegensätze ziehen sich an«, das ist ein Trugschluss). Wer aber von sich selbst nicht viel hält und sich wertlos fühlt, stößt unbewusst auch finanzielle Fülle von sich.

Fakt ist also: Wenn du dich wertlos fühlst, wirst du keine langfristige finanzielle Fülle aufbauen können. Wenn du dich jedoch reich und gesegnet fühlst, wird sich diese innere Haltung auch außen widerspiegeln. Wer Mangel aussendet – ob bewusst oder unbewusst –, der wird Mangel empfangen. Wir ernten, was wir säen. Du kannst also enorm viel Geld anhäufen, wenn aber dein Selbstwert nicht mitzieht, wirst du deinen Reichtum früher oder später wieder verlieren.

Daher ist es wichtig, an deiner Innenwelt zu arbeiten, wenn du finanzielle Freiheit anstrebst. Du solltest es dir selbst wert sein, das Beste zu empfangen. Lass das Beste gerade gut genug für dich sein. Mach dich ab sofort zur wichtigsten Person in deinem Leben und stell dich mutig an die erste Stelle. Sorge zuerst für das Königreich in dir, so wird dir alles andere hinzugegeben werden. So oder ähnlich steht es schon in der Bibel. Alles ist bereits in dir. Werde dir dessen bewusst.

Wenn es dir gut geht und du es dir gut gehen lässt, hast du eine vollkommen andere Schwingung. Wenn du dir gute Gedanken und Gefühle gönnst, schwingst du einfach höher.

Durch Selbstfürsorge etablierst du eine höhere Frequenz und gehst damit in Resonanz mit Fülle. Nörgler können da gar nicht an mir andocken.

Doch warum fällt es manchen Menschen so schwer, diese Fülle in ihrem Leben zu etablieren? Eine sogenannte »Bestellung beim Universum« allein wird nicht viel bringen. Durch das unerfüllte Wünschen schiebt man das Ersehnte nur immer wieder vor sich her. Wenn man es bereits hätte, würde man es sich ja nicht mehr wünschen. Beginne deshalb damit, eine »Ich kann es mir leisten«-Einstellung in dir und deinem Alltag zu kultivieren. Ein »Ich kann es mir leisten« in deinem Inneren sendet ein »Ich bin es mir wert« aus und zieht Fülle und Reichtum in dein Leben.

Und löse dich bitte von dem Gedanken, dass dir noch irgendwer irgendetwas schuldet. Du selbst schuldest dir, dass du aus den Schuldzuweisungen und deiner Opferrolle aussteigst und dein Schöpferbewusstsein entwickelst. Doch wie ist das möglich? Mit den bereits erwähnten fünf Schritten der Veränderung.

Bezogen auf Geld und Finanzen bedeutet dies:

1. Sich bewusst zu machen, dass man durch alte Prägungen im Mangeldenken ein bestimmtes Geldverhaltensmuster gelernt hat.
2. Das Verständnis dafür entwickeln, woher diese Prägungen kamen. Vermutlich aus der Kindheit oder aus anderen Leben, in der uns damalige Rollenvorbilder dieses Verhalten vorgelebt haben. Es kann von Generation zu Generation übertragen werden.
3. Wie wäre es, wenn du nun diese alten Prägungen loslässt? Denn sie waren dir offensichtlich nicht dienlich.

4. Neuausrichtung: Das alte Verhaltensmuster hat dich nicht weitergebracht. Worauf richtest du nun deinen Fokus? Was ist denn das Gegenteil von dem, wie du Geld bisher gesehen und behandelt hast? Schreib es dir auf. Was genau willst du erreichen, wie soll es sein? Ab sofort.
5. Der finale Schritt zur Veränderung: Du baust eine völlig neue Beziehung zu Geld und deinen Finanzen auf. Du lebst, denkst und handelst neu. Denn wie Albert Einstein schon sagte, wäre es doch Wahnsinn, immer wieder dasselbe zu tun und dabei andere Ergebnisse zu erwarten. Lass dich dabei, wenn du magst, gern unterstützen.

Natürlich will niemand finanziellen Mangel erfahren. In der Regel wissen die meisten Menschen auch genau, was sie nicht mehr wollen. Doch wenn man genauer nachfragt, ob sie bereit für Veränderung sind und ob sie genau wissen, was sie stattdessen wollen, werden sie oft ganz still. Deshalb ist es – in meiner Wahrnehmung – auch extrem wichtig, einen Coach an seiner Seite zu haben. Ein Coach kann helfen, blinde Flecken zu erkennen. Ein Beobachter von außen kann viel schneller aufzeigen, warum man an der einen oder anderen Stelle noch nicht so frei ist, wie man es gern wäre.

Wichtig dabei zu wissen: Solange im System keine klare Vorstellung und Referenz für Reichtum angelegt ist, fällt es schwer, den Fokus auf das Gewünschte auszurichten und es ins eigene Leben zu ziehen. So kommen dann unklare Zielformulierungen zustande, wie: »Na, ich will mir einfach alles leisten können.« Und was genau, steckt hinter diesem »alles«? Was soll dir der himmlische Postbote konkret liefern, wenn du dir »alles« bestellst?

Darum mein Tipp an dich: Bestell so konkret wie möglich! Mach eine Aufstellung deiner Einnahmen und Ausgaben. Finde heraus, wie viel du wirklich zum Leben brauchst. Halte schriftlich fest, wie es aktuell um deine Finanzen steht und definiere vor allem, wie es um deine finanzielle Situation ab sofort stehen soll. Wie hoch sind deine Einnahmen, was sind deine regelmäßigen Ausgaben? Finanzielle Freiheit bedeutet, dass deine passiven Einnahmen deine Ausgaben übersteigen, ohne dass du dafür aktiv arbeiten muss. Und jetzt kommt der Trick, der Magie in dein Leben bringt. Du notierst dir einen Zielsatz in der Gegenwartsform, ganz so, als wäre es bereits deine Realität geworden:

»Ich bin so glücklich und dankbar dafür, dass ich ab sofort ein passives Einkommen in Höhe von Betrag X Euro netto jeden Monat auf mein Bankkonto bekomme.«

Dafür kannst du auch gern den VAK-Prozess nutzen. Er transformiert unser Unterbewusstsein von einem Gegner zu unserem Unterstützer. Durch bewusstes Arbeiten mit den visuellen, auditiven und kinästhetischen Kanälen können wir die tief verankerten Muster in unserem Unterbewusstsein nachhaltig verändern.

Und hier noch eine abschließende Frage: Weißt du, wie viel du bisher in deine persönliche Weiterbildung investiert hast? Es lohnt sich, das für dich herauszufinden. Denn das ist ein Wert, den dir niemand mehr nehmen kann. Dadurch wirst du dir deines eigenen Wertes noch mal viel besser bewusst und kannst aus einem ganz anderen Bewusstsein heraus handeln. Ich selbst habe, wie erwähnt, bisher mehr als 1 Million Euro in meine persönliche Weiterbildung investiert. Diese Investition in mich selbst hat mich zu der Person gemacht, die ich heute bin. Dieses Wissen und diese Erfahrung trage ich nun in mir. Und das wiederum bedeutet für meine Coachees eine Abkürzung, weil sie die Essenz meines Wissens vermittelt bekommen. Ich zeige meinen Klienten, wie sie ein Bewusstsein dafür entwickeln, wie viel Geld genau sie passiv kreieren dürfen, um finanziell frei zu sein. Denn es gibt Wege, die man einhalten kann, um Reichtum im Leben zu manifestieren. Dann wird es plötzlich viel einfacher, Geld zu kreieren. Und so rückt auch mein Ziel, weitere Schulen in Afrika zu bauen, immer näher.

Solange man dieses Wissen nicht hat, spielen der Selbstwert und das damit verbundene Bankkonto immer wieder wilde Achterbahn. Darum: Hol dir deine Macht und die Kontrolle über dein Leben und deine Finanzen zurück und arbeite an deinem Selbstwert. Lern dazu am besten von jenen, die bereits da sind, wo du hinwillst. Um etwas in dein Leben zu ziehen, an dem es dir bisher mangelte, darfst du die innere Einstellung deines Unterbewusstseins verändern und deinen Fokus neu ausrichten.

Und all das gilt nicht nur für Geld, sondern auch für das Geschäftsleben generell. Du kannst kein großes Business aufbauen, wenn du dich innerlich wertlos und leer fühlst. Ich sehe das immer wieder am Markt: Es gibt Coaches, die sich was Großes aufbauen wollen. Doch ohne den Draht zum Inneren Kind funktioniert das in meiner Wahrnehmung nicht. Wenn man nicht mit seiner Kindheit aufgeräumt hat, kann man kaum große Reichtümer anhäufen (wenn man das möchte). Das kann ich nur über das Ego. Ich glaube daher, dass jeder in seiner Innenwelt anfangen darf, und zwar dergestalt, dass er lernt:

- Ich bin wertvoll.
- Ich bin gut, so wie ich bin.
- Ich bin genauso wertvoll wie alle anderen.
- Ich kann alles erschaffen.

Jeder von uns verdient das Allerbeste

Fühlst du dich schon so richtig wertvoll? Du kannst alles haben, sein und erschaffen, was du dir vorstellen kannst. Sei es dir selbst wert und erschaffe dir deine Wohlstandsidentität.

Jeder von uns hat eine Identität, eine innere Überzeugung und eine Vorstellung davon, wer wir sind. Diese Identität ist in den meisten Fällen unbewusst und schwingt in uns mit, ob wir es wollen oder nicht. Und was auch immer wir über uns selbst denken, hat die Angewohnheit, sich in unserem Leben zu verwirklichen.

Hier ein Beispiel für einen Gedanken, den ich vor ein paar Jahren noch gar nicht denken konnte: »Mehr als 1Million Euro Umsatz im Monat zu generieren.«

Für viele Menschen mag diese Summe unvorstellbar klingen. Jedenfalls schien diese Summe für mich über viele Jahre hinweg unerreichbar. Vor einiger Zeit durfte ich diesen Umsatzerfolg feiern und ich bekomme heute noch Gänsehaut, wenn ich an diesen Moment denke. Denn es ist Teil meiner neuen Identität, dass ich mich selbst und meine großen sowie kleinen Erfolge regelmäßig feiere. Daraufhin schrieb mir jemand, das klinge nach Betrug. Diese Wahrnehmung kann ich bei dieser Person belassen. Letztlich sagt es mehr über sie selbst aus als über mich. Gerade mit so einem Mindset wäre in meiner Wahrnehmung ein Coach dringend nötig. Woher ich das weiß? Na, mir ging es mal genauso.

Wie im ersten Teil des Buches beschrieben, bin ich nicht reich geboren worden. Als Kind war für mich Mangel an der Tagesordnung. Auch in den darauffolgenden Jahren lief dieses unbewusste Programm den ganzen Tag über in mir weiter: Selbst in den Ferien habe ich fünf bis sechs Wochen durchgearbeitet und Flaschen gesammelt, um mir mit dem Pfand etwas dazuzuverdienen. Ja, in meinem Leben gab es einige finanzielle Herausforderungen.

Heute sieht alles ganz anders aus. Denn vor einigen Jahren habe ich mich dazu entschlossen, an meiner Wohlstandsidentität zu arbeiten. Über viele Jahre hinweg habe ich mich von verschiedenen Trainern und Coaches begleiten lassen und erfolgreich meine Kernidentität transformiert. Während meiner Teilnahme an Mastermind-Kursen habe ich gelernt: Halte niemals Wissen zurück. Daher bin ich transparent. Nach dem Motto »Das Herz führt immer zum Erfolg« gebe ich meinen Mitmenschen von morgens bis abends in Liebe dienend hilfreiche Antworten und bin mir für nichts zu schade.

Ich bin dankbar für das Leben, das ich heute leben darf. Dabei habe ich gelernt, dass wir durch den Dienst an anderen die universellen Gesetze befolgen und über alle Maße gesegnet werden. Inzwischen ist es unvorstellbar, dass ich vor 19 Jahren Selbstmordgedanken hatte. Denn heute bin ich extrem glücklich und dankbar und lebe ein erfülltes Leben ganz nach meinen Vorstellungen und Wünschen.

Es erforderte jedoch eine Entwicklung und innere Veränderung, um dieses Ziel zu erreichen. Die alte Identität musste erneuert werden. Erfolg ist eine Treppe, keine Tür. Je mehr ich in mich selbst investiert habe, desto mehr Wissen habe ich mir angeeignet. Davon profitieren auch meine Coachees. Wenn sie sich dazu entscheiden, mich zu buchen, investieren sie in sich selbst und in ihr persönliches Wachstum. Also: Ich für mich brauche keine paar Millionen, aber Geld schafft Wahlmöglichkeiten. Geld ist immer dann wichtig, wenn du einen Unterschied machen willst, und ich will in der Welt etwas bewegen und viele Hunderttausend Menschen an die Hand nehmen, damit sie ihr »next level«-Leben erschaffen. Mein großes Ziel ist es, Schulen in Afrika zu bauen. Und das passiert ja nicht von allein.

Du musst bereit sein, etwas zu tun, was andere niemals tun würden, um ein Leben zu leben, das andere niemals leben werden. Und daher bereitet es mir immer viel Freude, neue Menschen willkommen zu heißen und so noch mehr auf diesem Planeten zu bewirken.

Warum Ziele wichtig sind

Viele, ich würde sagen: die meisten von uns, haben eine eingeschränkte Perspektive. Sie sehen nur ihr enges Umfeld. Ich habe jedoch gelernt: Es gibt so viel mehr da draußen – und zwar nicht nur im Hier und Jetzt, sondern auch, was du in Zukunft erreichen kannst. Wenn du in deinem Leben etwas verändern möchtest, musst du dir erst mal bewusst machen, wohin du willst und was du zu erreichen wünschst. Erst dann kannst du deinen Fokus auf dieses Ziel ausrichten. Bei allem, was ich in diesem Buch schreibe, besonders bei den Bemühungen zur Veränderung, ist es extrem wichtig, ein Ziel vor Augen zu haben. Ohne ein Ziel kannst du nirgends ankommen.

Bitte merk dir das: Ohne Ziel – kein Ankommen. Du setzt dich ja auch nicht einfach in ein Taxi und sagst »bitte losfahren«, sondern du teilst dem Fahrer mit, wohin du möchtest. Wenn ich mir also sage: »Hier stehe ich und ich möchte das und das zum Zeitpunkt X erreicht haben«, dann ist das für mich ein Antrieb. Nur so kann ich auch passende Strategien entwickeln und loslegen. Denn Ziele müssen klar formuliert und auch zeitlich einzuordnen sein.

Wenn ich ein Coaching durchführe, müssen mir meine Klienten am Anfang sagen, wer sie in einem Jahr sein und wo sie stehen wollen. Denn durch diesen Prozess des Erschaffens wird bereits die Manifestation in Gang gesetzt. Im Laufe der darauffolgenden Monate zeigen sich genau die Blockaden, die dem Erreichen des Zieles bisher noch im Weg standen. Wenn ich etwa als Kind nicht gelernt habe, wie man mit Geld umgeht, darf ich das erst mal lernen. Dazu benötige ich eine klare Strategie und die funktioniert nur mit einem klaren Ziel.

Ich bin überzeugt davon, dass alles in Fülle vorhanden ist. Und dass man nun lernen darf, wie man die Mechanismen im Hier und Jetzt nutzen kann, um zu erreichen, was man sich vorgenommen hat.

Wie stellt man Ziele auf?

Die wenigsten Menschen haben sich überhaupt allgemein Gedanken über Ziele gemacht; eben weil wir das nicht gelernt haben. Zuerst darf man daher den aktuellen Stand der derzeitigen Situation ermitteln. Beobachte und frage dich: »Was mache ich im Hier und Jetzt?« Anschließend müssen klare, messbare Ziele festgelegt werden. Das dürfen durchaus auch anspruchsvolle Ziele sein. Denn wenn ich mir keine herausfordernden Ziele setze, bleibt alles so, wie es ist. Und dabei ist ein Umweg auf dem Weg zum Ziel besser, als gar kein Ziel zu formulieren oder gar nicht erst loszugehen. Es gibt viele Wege zum Ziel, solange das Ziel selbst klar ist.

Ideal ist natürlich, dass du dir bewusst machst, dass du in der Lage bist, alles zu erschaffen. Es ist alles da. Alles ist in Fülle vorhanden. Alles, was du dir wünschst, existiert bereits auf einer bestimmten Ebene und Schwingungsfrequenz. Du musst dich im Grunde »nur« energetisch darauf einschwingen. Das kannst du tun, indem du dir erst mal erlaubst, den Gedanken zu denken, dass es wahr ist. Glaubst du, dass es möglich ist? Dass alles möglich ist und du dein Ziel erreichen kannst? Wie oft habe ich mir etwas gewünscht und schon zwei Tage später war es da. Manchmal geht es noch schneller. Das lag und liegt daran, dass ich gelernt habe, die richtigen Schwingungen auszusenden. Dies ist das Ergebnis jahrelanger Trainings und Coachings. Es geschah nicht von heute auf morgen.

Auf dem Weg zum schnellen Kreieren und Manifestieren habe ich aus vielen Fehlern gelernt und mich viele Jahre durchs Leben gekämpft. Zum Beispiel musste ich als Physiotherapeutin einmal eine Mitarbeiterin kündigen. Dabei hat meine Stimme mehr gezittert als die meiner Mitarbeiterin. In dem Moment habe ich beschlossen, etwas für mein Selbstbewusstsein zu tun. Also habe ich mich zu einer Trainerausbildung angemeldet, um meiner Stimme mehr Kraft und Ausdruck zu verleihen. Ich wollte einfach in mir gefestigt sein. Ich hatte also ein Ziel, habe dann die Ausbildung gemacht und stehe heute vor Tausenden von Menschen auf der Bühne und lasse meine Stimme selbstbewusst erklingen. Hätte mir das vor zehn Jahren jemand erzählt, hätte ich es weder geglaubt noch für möglich gehalten.

Mit Klarheit und Visualisierung zum Ziel

Um Ziele zu erreichen, ist ihre Visualisierung wichtig. Denn wenn ein Bild existiert, haben wir es stets vor Augen. Ich habe das bereits bei meinem Porsche erwähnt: Ein Foto genau des Modells, das ich haben wollte, habe ich ausgeschnitten und mir auf ein Vision Board geklebt. So hatte ich das Bild »meines Porsches« jeden Tag vor Augen. Auf diese Weise hatte ich das Ziel fest in meinem Bewusstsein verankert. Bilder wirken auf das Unterbewussstsein. Fünf Jahre später war es dann tatsächlich meiner. Visualisierung ist ein wichtiger Teil des Prozesses der Zielerreichung. Täglich habe ich mir dieses Bild angeguckt, habe mich und meine Gefühle inspirieren lassen, bin in Gedanken mit dem Porsche gefahren – und ihm so immer nähergekommen. Nur durch die Formulierung des Zieles habe ich meinen Fokus auf diesen Porsche ausgerichtet und konnte ihn mir im Jahr 2020 kaufen.

Die meisten von uns haben nicht gelernt, eigenständig zu denken, sondern Befehle zu empfangen und zu gehorchen. Ebenso haben viele von uns gelernt, sich zu verbiegen und anzupassen, um Aufmerksamkeit zu erhalten und zu überleben. Früher bin ich da ganz vorn mit dabei gewesen. Doch wir sind hier auf der Erde, um uns selbst zu entdecken, zu erkennen und zu erschaffen. Unbewusst war ich lange im Opferbewusstsein und habe immer über all das geschimpft, was ich erleben musste: die Vergewaltigungen, dass ich geschlagen wurde, nicht dazugehörte oder nicht wusste, wer mein Vater ist. All das hat dazu geführt, dass ich als Opfer herumlief. Zwar ein humorvolles Opfer, das sich nicht unterkriegen ließ, aber eben ein Opfer. Doch irgendwann erkannte ich: Ich bin nicht das Opfer dieser Geschichte. Vielmehr habe ich diese Geschichte erlebt, um daraus zu lernen. Um zu verstehen:

- dass ich in meinem Leben bin, um etwas zu erschaffen,
- dass nur ich mich selbst lieben und glücklich machen kann,
- dass ich mir Ziele setzen muss,
- dass ich Entscheidungen treffen muss,
- dass ich meine Wahrheit denken muss,
- dass ich sagen muss: »Ich will das« und »Das will ich nicht«,
- dass ich Grenzen setze,
- und dass ich die Dinge richtig verstehen lernen darf.

Aus der Opferrolle aussteigen

Es war mein Weg, aus der Opferrolle auszusteigen und zur Schöpferin und bewussten Gestalterin meines eigenen Lebens zu werden. Ja, um eine Powerkönigin zu sein!

Und damit sind wir wieder beim Schmetterling als Symbol meiner Arbeit und Wertvorstellungen. Du kannst ihn auch als Symbol für dich nutzen, indem du dir bewusst machst: Wir leben hier in der Dualität und beides ist vorhanden, das Helle wie das Dunkle, das Gute wie das Böse und wo es ein Opfer gibt, muss auch ein Täter auf den Plan treten. Der linke Flügel des Schmetterlings zeigt uns beispielsweise unsere Opfermentalität und der rechte Flügel zeigt uns die Möglichkeiten als Gestalter. Wir selbst aber sind das Bewusstsein in der Mitte. Dein »Ich« ist Beobachter dieser zwei Seiten der Realität und du darfst im Leben immer beides erfahren, um vollständig zu sein.

Bis Mitte 30 habe ich auf meinen Vater gehört und gemacht, was er sich von mir gewünscht hat. Ich wollte ihm gefallen, weil in meinem Unterbewusstsein der Glaubenssatz verknüpft ist: »Wenn ich nicht mache, was ihm behagt, könnte das tödlich sein.« Das habe ich ja erlebt, als er meine Mutter umbringen wollte. Dies lief natürlich nicht bewusst ab, sondern es sind Verknüpfungen, die in unserem Unterbewusstsein stattfinden. Du kannst in deinem Unterbewusstsein aufräumen,

- damit du das Leben erschaffst, das dir zusteht,
- damit du glücklich und erfüllt bist und
- du ein Vorbild und eine Inspiration oder ein Beispiel für andere Menschen bist,
- damit auch sie glücklich sind.

Ich habe mir mein unbewusstes Programm mit den fünf Schritten der Veränderung bewusst gemacht, Verständnis aufgebaut, das alte Verhaltensmuster losgelassen, mich neu ausgerichtet und mein Leben in die eigenen Hände genommen. Ich habe aktiv Entscheidungen getroffen und beschlossen:

- Ich bin jetzt die Macht in meinem Leben.
- Ich entscheide, wer in meinem Umfeld ist.
- Ich entscheide, was ich will.
- Ich entscheide, mit wem ich es zu tun habe.
- Ich entscheide, was ich denken will.

- Ich entscheide, wann ich sprechen will.
- Ich entscheide, was ich tue.

Auf diese Weise transformieren wir Unfrieden in Frieden und Trennung in Verbindung.

Es gibt Menschen, die als Kind auf dem Teppich gesessen haben, als Papa und Mama sich stritten. Wie würde ihre Ehe heute aussehen? Wahrscheinlich ähnlich, denn wir speichern Erlebnisse aus unserer Kindheit im Unterbewusstsein ab. Solange wir das nicht erkennen, können wir es auch nicht ändern. Erst wenn es uns bewusst wird, können wir unserem Unterbewusstsein einen neuen Impuls geben, neue Samen setzen und eine harmonische Beziehung führen und reifen lassen.

Meine Mutter war dreimal verheiratet, immer mit Männern, die liebevoll, aber auch schwach waren. Mein Stiefvater trank in jungen Jahren viel, war jähzornig und oft aggressiv. Das Leben mit ihm und meiner Mutter war ein ständiges Auf und Ab: Ich wurde förmlich von ihnen und durch die Umstände hin- und hergerissen, was dazu führte, dass ich mich stark anpasste und verbog.

Die meisten Menschen schleppen also immer noch die Muster aus ihrer Kindheit mit sich herum. Auch ich tue das mit 57 Jahren noch. Ich habe nur wenige Referenzen dafür, wie eine gute Ehe funktioniert, weil ich es in meiner Kindheit nicht erlebt habe. Streit und Konflikte zwischen den Eltern hatte ich als Muster in meinem System verankert, denn das habe ich überlebt. Das wurde als bekannt und damit als »sicher« eingestuft.

Dies führte wiederum dazu, dass ich mich in einer Ehe mit einem liebevollen Mann wiederfand, mit dem ich nicht zurechtkam, weil mein Unterbewusstsein auf Streit und Kampf programmiert war. Doch als ich das erkannte, war meine Ehe schon zehn Jahre vorbei. Erst dann verstand ich die Zusammenhänge. Ich hätte damals meinem Mann sagen müssen: »Du, in meiner Kindheit habe ich etwas anderes erlebt. Mein System ist darauf gar nicht vorbereitet.« Ich musste das zunächst lernen, genauso wie Mathe in der Schule. Und so bringe ich den Menschen heute Klarheit, was beinhaltet, dass nicht die anderen »da draußen« schuld sind, sondern dass wir immer selbst verantwortlich sind.

Klarheit führt zu Macht

Würdest du gern mehr in die Umsetzung kommen, deine Ziele erreichen und dich weniger verzetteln? Mit wenigen Kniffen kannst du schnell (wieder) in deine Klarheit kommen und damit deinen Fokus zurückholen. Verschaffe dir zuerst einen Überblick und stelle dir zwei allgemeine Fragen:

1. Wo stehe ich aktuell?
2. Wo will ich hin?

Davon ausgehend, kannst du Klarheit in alle Bereiche deines Lebens bringen. Mach dir nun dazu konkretere Gedanken: Wie würde dein Leben heute in einem Jahr aussehen, wenn du dich ab sofort für Klarheit in deinem Leben entscheidest? Nimm dir gern viel Zeit, um diese Frage zu beantworten. Es erwarten dich 365 Tage, die du mit Leben füllst. Tage, an denen du große und viele kleine Entscheidungen treffen kannst, die deinen Lebensweg entscheidend prägen.

Wie sieht dein Leben aus, wenn du ab sofort klare Entscheidungen triffst:

1. Wo wohnst du? Wie lebst du?
2. Mit welchen Menschen umgibst du dich die meiste Zeit?
3. Welche deiner Gedanken bekommen die meiste Aufmerksamkeit?
4. In welche Ziele investierst du deine Lebenskraft, um sie zu erreichen?

Momente der Entscheidung formen unser Schicksal. Und da wir jeden Tag vor Entscheidungen stehen, dürfen wir uns bewusst machen, welche uns unseren Zielen näherbringen. Finde heraus, was zu tun oder zu lassen ist, damit du dich auf dein Ideal zubewegst. Wenn du dir darüber im Klaren bist, wo du in einem Jahr stehen willst, räumst du den Weg frei und kannst die ersten Schritte gehen. Die ersten Schritte und die Beständigkeit – also der Fokus auf das Ziel – sind dabei am wichtigsten. Denn nur, wenn du losgehst und dranbleibst, kannst du auch ankommen. Du musst vom Fleck kommen. Doch nur, wenn du weißt, wo du ankommen willst, ergibt es auch Sinn, loszugehen.

Im Laufe meines Lebens habe ich gelernt und bin fest davon überzeugt: Klarheit führt zu Macht. Und das auf allen Ebenen und in jedem Lebensbereich. Mit einem klaren Ziel vor Augen und einem starken »Warum« als Antrieb kannst du deine gesteckten Ziele erreichen. Indem du konsequent deinen Fokus hältst, kann dich nichts mehr aufhalten. Die Klarheit in deinem Inneren ist das Mittel dazu. Jedes Ziel braucht ein Warum. Das Warum ist der Raketenantrieb, der dich ins Ziel katapultiert.

Wenn du genau weißt, was du wirklich willst, wirst du viel schneller herausfinden, welche Schritte zielführend sind. Gern gebe ich dir ein Beispiel dazu: Angenommen, du möchtest den Gipfel eines Berges erreichen. Dein Ziel ist klar definiert. Nun geht es darum, die Route und die Fortbewegungsmittel zum Gipfel zu wählen. Du kannst frei entscheiden, ob du zu Fuß gehst, mit dem Fahrrad fährst oder die Gondel nimmst. Dadurch wirst du handlungsfähig, weil du dir überlegen kannst, welche dieser Möglichkeiten dir am meisten Freude bereiten würde. Die Grundvoraussetzung, um deine Ziele zu erreichen, ist also eine klare Vorstellung von deinen Zielen zu haben und im Hinblick darauf, die einzelnen Schritte festzulegen und zu gehen. Entscheide dich! Dann kannst du gezielt handeln und – mit den Mitteln deiner Wahl – auf dein Ziel zugehen.

Doch was ist, wenn in deiner Innenwelt noch viel Unaufgeräumtes den Weg blockiert? Etwa Gedanken wie: »Ich schaff das nicht!« oder »Es klappt bei anderen, aber bei mir nicht«?

Stattdessen könntest du doch denken: »Ich will, ich kann, ich tue es.« Spür da mal rein, wie viel kraftvoller sich dieser Gedanke anfühlt. Du entscheidest, welchen Gedanken du ab sofort mehr Kraft gibst. Denn eine geklärte Innenwelt verleiht dir Tatkraft und eröffnet dir ein Meer an Möglichkeiten in der Außenwelt. Stell es dir vor wie bei einem klaren Bergsee. Je klarer das Wasser, desto besser deine Sicht. Je klarer deine Sicht, desto besser kannst du darin navigieren und wahre Schätze finden. Wenn die Innenwelt aufgewühlt ist, wird es deutlich schwieriger, sich zurechtzufinden. Aus diesem Grund lade ich dich ein, in deinem Inneren für Klarheit zu sorgen, damit du schneller große Entscheidungen treffen kannst. Kreisende Gedanken kannst du mithilfe von Achtsamkeitsübungen, bewusstem Atmen, Meditation oder einem Spaziergang in der Natur zur Ruhe bringen.

Weitere Rituale, die du in deinen Tag integrierst, unterstützen dich dabei, deine Klarheit und dein Bewusstsein für deine Ziele zu bewahren. Sollten die Gedanken dann doch mal beginnen, sich im Kreis zu drehen, kannst du sie stoppen und dir blitzschnell einen klaren Fokus verschaffen. Dazu gibt es effektive Methoden, um dich aus der Gedankenspirale herauszuholen:

1. Aufschreiben

Notier dir,

- … was in deinem Kopf vorgeht: Erstelle eine To-do-Liste, die sich abhaken lässt. Auf diese Weise verlagerst du die Gedanken aus deinem Kopf und kannst sie systematisch abarbeiten.
- … deine negativen Gedanken in einer Spalte und formuliere sie in einer weiteren Spalte in positive Aussagen um. So zeigst du deinem System, welches Ergebnis du dir wünschst. Dein Fokus verlagert sich weg von dem, was du nicht mehr willst, zu dem, was du wirklich willst.
- … deine Ziele. Formuliere sie positiv, in Ich-Form und in der Gegenwartsform. Damit setzt du einen Prozess in Gang, der deinem Gehirn signalisiert, dass diese Ziele erstrebenswert und für dich erreichbar sind. Sie sind nicht länger Gedankenblitze in deinem Geist, sondern stehen dir lesbar vor Augen, ganz so, als wären sie bereits deine neue Realität. Das macht deine Ziele greifbar, weil du die

bisher in dir schlummernden Gedanken jetzt außerhalb von dir wahrnehmen kannst.

- … täglich, wofür du gerade dankbar bist. Das löst einen Magnetismus aus, der noch mehr Gründe für Dankbarkeit in dein Leben ziehen wird. Schritt für Schritt überschreibst du dadurch negative Gedankenspiralen und kehrst sie um.

So lenkst du den Fokus. Du wirst bemerken, wie du schon beim Schreiben zufriedener bist und dadurch langfristig bessere Ergebnisse erzielst.

2. Nutze deine Körperintelligenz

Sei ganz im Hier und Jetzt. Fokussiere dich auf deine Körperwahrnehmung. Übe Achtsamkeit, durch bewusstes Gehen, genussvolles Teetrinken oder die Beobachtung des eigenen Atems. Eine buddhistische Weisheit besagt: »Wenn ich gehe, gehe ich. Wenn ich trinke, trinke ich. Wenn ich sitze, sitze ich.« Komm ganz bewusst in deinem Körper an. Dann wird dein Geist zu diesem klaren ruhigen Bergsee, den ich vorhin beschrieben habe, und du findest zu dir selbst und deiner Klarheit. Frage dich dann, was jetzt dran ist, und beobachte, wie dein Körper darauf reagiert. Spürst du Vorfreude oder ein freudiges Ja in dir? Vertraue deinem Körper und komm in die Handlung. Parke deinen Verstand in dieser Zeit einfach in der Hängematte. Er hat dann gerade Sendepause.

3. Lass los

Klarheit bedeutet gleichzeitig auch Klärung. Finde heraus, welche Bereiche deines Lebens oder welche Beziehungen noch Klärung benötigen und übernimm die Verantwortung für dich selbst. Kläre deine Situation. Verschaffe dir einen Überblick über alle Lebensbereiche. Wo stehst du gerade? Wo würdest du in spätestens einem Jahr viel lieber stehen? Nutze dazu gern den sogenannten somatischen Marker, indem du auf einer Skala von 1 bis 10 den aktuellen Stand bewertest. Mach das am besten für alle Bereiche in deinem Leben: Beziehung, Finanzen, Beruf und Familienleben. Wie viel Geld brauchst du tatsächlich, um deine Träume zu realisieren? Sei da präzise. Je genauer du bist, umso zielgerichteter kannst du agieren.

Sei dir bei allem bewusst: Du kannst überhaupt nichts verpassen. Alles kommt zur richtigen Zeit zu dir. Würdest du sonst gerade dieses Buch lesen? Ich habe keinen Zweifel daran, dass du zur richtigen Zeit, am richtigen Ort, die richtige Person bist.

Nachdem du Klarheit in deiner inneren Welt geschaffen hast, wirst du erkennen, dass deine Handlungen die Brücke zur äußeren Welt sind. Durch dein Tun erzielst du die entsprechenden Resultate. Verschaffe dir noch heute Klarheit darüber, was du willst und wie du leben möchtest. Das bildet die Grundlage für alles Weitere.

Das Herz führt immer zum Erfolg

Wenn du im Erwachsenenleben unterwegs bist, ständig funktionierst und arbeitest, aber irgendwann unzufrieden im

Burnout landest, hast du wahrscheinlich nicht auf dein Herz gehört. Du hast dein Herz nicht wahrgenommen, vielleicht sogar ignoriert und dich stattdessen angepasst und verbogen, um zu funktionieren und den Erwartungen anderer gerecht zu werden. So ist es mir ergangen. Ich landete schließlich für ein halbes Jahr auf der Couch, da mein Körper gestreikt hat. Ich konnte nichts mehr machen.

Seitdem habe ich alles, was ich tue, im Einklang mit meinem Herzen getan und bin dadurch bei mir angekommen. In meiner Mitte angekommen, kann ich fühlen, was in mir vorgeht. Heute gehe ich auch völlig anders mit Meinungsverschiedenheiten und Konflikten um. Früher gab es oft Streit zwischen mir und einer meiner Schwestern. Doch warum streiten sich Menschen? Was steckt hinter solchen Auseinandersetzungen? Sie vertritt ihren Standpunkt, ich habe eine andere Perspektive darauf und andere Ansichten. Aber beide Sichtweisen sind in Ordnung und wir sind beide liebenswert. Wir sind beide gut, so wie wir sind, und dürfen lernen, uns gegenseitig so sein zu lassen. Als ich diese Zusammenhänge erkannt habe, konnte ich Frieden schließen.

Mit den Augen des Herzens zu sehen, sich im Herzen zu begegnen, ohne jemanden zu verurteilen oder zu bewerten. Das ist mein Ziel! Denn woher kommt die Bewertung, wenn ich einen Menschen (noch) nicht wirklich kenne? Oft machen wir uns ein Bild von jemandem, auf Grund unserer Prägungen aus der Kindheit. Woran erinnert mich die Stimme? Wer hat auch immer so eine Kleidung getragen oder diesen Gesichtsausdruck oder diese Handbewegung gemacht? All das entspringt meiner Interpretation, meiner Wahrnehmung und hat nichts mit meinem Gegenüber zu tun.

Inzwischen kann ich die Menschen so wahr- und annehmen, wie sie wirklich sind. Denn ich fühle mich selbst wertvoll und erkenne deshalb auch den Wert in jedem anderen Menschen. Wenn ich Menschen in Streit und Auseinandersetzung verwickelt sehe, erinnere ich sie daran. Ich betone, dass sie ihre Unstimmigkeiten mit sich selbst klären müssen, statt mit dem Finger auf andere zu zeigen. Denn in diesem Fall zeigen drei Finger auf uns zurück. Vielmehr sollten wir uns fragen:

- Was brauche ich, um mich geliebt zu fühlen?
- Was brauche ich, um mich gesehen zu fühlen?
- Was brauche ich, um mich wertvoll zu fühlen?

Natürlich kann auch ich nicht immer aus meiner Haut. Erst vor Kurzem saß jemand neben mir, ungepflegt und mit zerzausten Haaren. In solchen Momenten geht auch bei mir sofort mein Bewertungsfilter an. Allerdings könnte ich mir die Frage stellen, warum dieser Mensch so ist, wie er ist. Vielleicht hatte er keine Zeit, sich zurechtzumachen oder es noch nicht bemerkt oder er nimmt sich eben an, wie er in dem Moment ist.

Der Kopf kann immer nur auf das zurückgreifen, was ich bisher in meinem Leben erlebt habe. Das Herz ist aber in meiner Wahrnehmung an die universelle Quelle angeschlossen – und das Herz kennt den Weg. Wenn du der Stimme deines Herzens folgst, triffst du völlig andere Entscheidungen. Früher habe ich mich nicht auf mein Herz verlassen. Das Ergebnis waren Herzrhythmusstörungen und Panikattacken. In dem Moment, als ich meinem Herzen zugehört habe, traf ich völlig andere Entscheidungen. So habe ich beschlossen, in meiner Praxis deutlich weniger zu arbeiten und später dann auch die zweite Praxis abzugeben, damit ich mich wieder spüren und lieben kann.

Das Herz weist dir den Weg, es ist dein Navigationsgerät und verbindet dich mit deinem Seelenplan. Dann verbiegst du dich nicht mehr, damit du in jede Schublade passt, sondern lebst deine Einzigartigkeit. Und wenn du dir deiner selbst bewusst bist, kannst du auch jeden anderen erkennen.

Zum Beispiel habe ich einen Klienten, der jede Woche dreimal anruft und mir dasselbe erzählt. Er bewertet ständig seine Ehefrau, ist aber selbst nicht bereit, die Aufgabe, die ich ihm gegeben habe, zu erfüllen. Irgendwann habe ich ihm gesagt: »Hey, du darfst jetzt mal in dein Herz fühlen. Komm raus aus deinem Kopf und geh in dein Herz.« Und weil er sie weiterhin bewertet hat, habe ich ihn gefragt: »Was hat das mit dir zu tun?«

Wir müssen die Verantwortung für unser Leben selbst übernehmen. Dabei führt das Herz zum Erfolg. Wir lernen die Person gegenüber mit dem Herzen zu sehen und sie nicht zu bewerten.

Einmal wurde mir das ganz bewusst vor Augen geführt, als ich einen Bettler gefragt habe, warum er bettelt. Darauf kam die verblüffende Antwort: »Das mach ich genau aus dem Grund, damit du mich das fragen kannst.« Ich habe ihm tief in die Augen geblickt und bin wahrhaftig seiner Seele begegnet. In diesem Moment habe ich erkannt, dass er genauso wertvoll ist wie ich. Wann immer ich jemandem tief und für längere Zeit in die Augen sehe, komme ich in Kontakt mit seiner Seele. So kannst auch du dir zu jeder Zeit die Frage stellen: »Was kann ich von diesem Menschen, der mir hier begegnet, lernen? Was könnte ich die Person fragen? Was will mich diese Seele lehren?« Unabhängig von Raum und Zeit, unabhängig von Kleidung oder äußerem Erscheinungsbild.

Ob da jemand auf der Bühne steht und zu Tausenden Menschen spricht oder ob jemand besoffen in der Ecke auf der Straße liegt. Beides sind Menschen mit einem Herzen, beide singen, beide lachen, beide weinen. Beide haben sich nur auf unterschiedliche Art und Weise entwickelt und wurden als Kind unterschiedlich geprägt, aber das ändert nichts am Wert der Seele selbst. Es steht mir nicht zu, die Leute zu bewerten, sondern ich darf in jedem Moment ihre Großartigkeit erkennen. Es geht doch vor allem darum, mich selbst zu reflektieren und durch den Spiegel im anderen zu erkennen, wer ich wirklich bin.

Fühl dich verbunden

Oft spüre ich Impulse, die direkt aus dem Universum kommen. Ich liebe es, diese Anregungen wahrzunehmen und achtsam auf sie einzugehen. Dabei fühle ich oft ein Kribbeln auf meiner Haut. Ja, ich bekomme Gänsehaut, meistens sogar am ganzen Körper. Es ist, als wäre ich eine riesige Antenne und hätte die richtige Frequenz gefunden, um Signale zu empfangen. Wir dürfen alle wieder lernen, mit dem Göttlichen, mit unserem höheren Selbst verbunden zu werden, uns verbunden zu fühlen und empfangsbereit zu sein und zu bleiben.

Denn wir sind Empfangsgeräte auf zwei Beinen und durchaus mit einem Radio vergleichbar. Die Frage ist, auf welchen der vielen Sender wir eingestellt sind, also auf welcher Frequenz wir schwingen. Du musst also in dir die richtige Frequenz einstellen und ziehst an, was du aussendest, bewusst oder unbewusst. Bist du offen und bereit, zu nehmen und zu empfangen? Denn das ist eine wichtige Voraussetzung für ein Leben in Fülle.

Für mich ist diese innere Einstellung ein zutiefst weiblicher Anteil unserer Seele. Während der männliche Aspekt der Gebende ist, bringt die Weiblichkeit vollkommene Annahme mit sich. Natürlich sind Frauen auch gebend und Männer annehmend. Wir tragen beide Aspekte in uns, da die Seele sowohl männliche als auch weibliche Anteile hat; wenn auch in unterschiedlichen Proportionen.

Welcher dieser Qualitäten hast du in letzter Zeit mehr Aufmerksamkeit geschenkt? Warst du eher im Nehmen- oder im Geben-Modus? Denn du hast immer die Wahl, worauf du deinen Fokus legen willst, unabhängig davon, ob du dich in diesem Leben als Mann oder Frau siehst. In uns selbst, in unserer Innenwelt sind wir vollständig. Du kannst nach innen gehen, beide Anteile in Liebe annehmen und dann beides in der Welt ausleben. Frag dich daher: Welchem Aspekt in dir möchtest du ab sofort mehr Aufmerksamkeit schenken, damit die beiden Pole in dir einen harmonischen Ausgleich finden? Wenn du zuerst für Harmonie in deiner Innenwelt sorgst, wirst du sie auch im Außen erleben können. Beide Aspekte zu leben, bedeutet für mich, mit meiner wahren.Essenz in Verbindung zu sein. Wer das geschafft hat, ist wahrhaftig »in der Anbindung« und kann beide Aspekte wählen und verkörpern. Dann ist der männliche Aspekt mit dem weiblichen Aspekt im Einklang, wie beim Yin-und-Yang-Symbol.

Weiblichkeit ist für mich,

- wahrzunehmen, was ist,
- zu erlauben, was ist,

- anzunehmen, was ist,
- sich einzulassen und zu vertrauen.

Aber auch das Loslassen von etwas, das nicht mehr dienlich ist, wie etwa den Perfektionismus loszulassen und sich dem Leben hinzugeben. Männlichkeit ist für mich der gebende, auch mal der einzelkämpferische, wegweisende, impulsgebende, aber auch der tatkräftige Aspekt in uns allen. Beide Aspekte harmonisch miteinander zu verbinden oder sie in Einklang zu bringen, ist eine wichtige Aufgabe.

Jede Seele hat einen Plan, dem sie folgt, und dein Körper kann dir wie eine feine Antenne anzeigen, ob du auf dem richtigen Weg bist. Wir dürfen wieder lernen, uns unserer selbst bewusst zu sein, hinzuhören und hinzufühlen. Vertraust du der Weisheit deines höheren Selbst? Erlaube dir ab sofort, auf die intuitiven Impulse deines Körpers zu hören.

Transformieren – so einfach geht's

Bei emotionalen Herausforderungen wieder in die Leichtigkeit kommen

Vielleicht hast du schon mal erlebt, dass deine Gefühle wie auf Autopilot gestellt waren. In solchen Momenten scheinen die Emotionen mit uns durchzugehen. Es ist beispielsweise so, als wenn unsere Wut mit uns, statt wir mit unserer Wut spazieren gehen. Doch wie schafft man es, die Wahrheit in allem zu finden und zu erkennen, anzunehmen, was ist – und selbst über die Fahrtrichtung zu bestimmen. Letzteres geht nur, wenn du Verantwortung übernimmst. Liebe ist das Annehmen von allem, was ist, und ein Gefühl möchte gefühlt werden, so wie ein Bonbon gelutscht werden möchte.

Erkenn, dass du wertvoll bist. Du bist ein Teil des Göttlichen und damit genauso wertvoll wie das große Ganze. Lass uns gemeinsam herausfinden, wie du aus der Opferrolle aussteigst und zum Meister oder zur Meisterin deiner Gefühlswelt wirst.

Kurz gesagt:

1. Du bist deinen Gefühlen nicht ausgeliefert, sondern kannst zu jeder Zeit neu entscheiden, zu welcher Musik du tanzen willst.
2. Deine Gefühle sind wie deine Meisterstücke. Sie sind deine Eigenkreation.
3. Du brauchst dich für kein Gefühl der Welt zu schämen, sondern darfst ab sofort ganz einfach die Verantwortung dafür übernehmen.

Hol dir deine Macht zurück, indem du deine eigene Schöpfung an Gefühlen annimmst und sie bewusst wahrnimmst. Wenn du sie von dir wegschiebst, sie weiterhin ablehnst oder verdrängst, bleibst du in der Opferrolle. Übernimm stattdessen die Verantwortung für dein Leben und deine Gefühle zu 100 Prozent – so kehrst du in die Rolle des Schöpfers zurück. Du wirst keine Ausreden mehr finden und auch nicht mehr außerhalb von dir nach Schuldigen suchen, weil dir klargeworden ist, dass wir von innen nach außen kreieren und dass alle Bewertungen deinem Filter entspringen. Nimm die Verantwortung und damit deine schöpferische Kraft wieder zu dir zurück.

Denn mit deinen Gefühlen ist alles in Ordnung. Sie sind eine natürliche Reaktion auf deine Gedanken. Darum lade ich dich ein, den Blickwinkel auf deine Emotionen zu verändern. Du kannst vermeintlich negative Gefühle nutzen, um dich im Leben voranzubringen. Statt dass du dich dafür verurteilst oder du deine Gefühle unterdrückst, kannst du dein Unterbewusstsein zu deinem Verbündeten machen.

Nutze dazu auch die sogenannte Kraft der Triade, indem du drei Optimierungen vornimmst: Verändere nicht nur deine Gedanken, sondern auch deine Worte und deine Körperhaltung. Denn es macht einen enormen Unterschied, ob du mit gesenktem Kopf und gebeugten Schultern versuchst, positiv zu denken. Oder ob du mit stolzgeschwellter Brust aufrecht stehst und voller Power laut und deutlich sagst, dass du großartig bist. Teste es selbst und du wirst feststellen, dass sich deine Worte und die Haltung deines Körpers auch auf deine innere Einstellung auswirken. Deine Gefühle verändern sich entsprechend.

Denn Gefühle sind nicht nur das Ergebnis deiner Gedanken, sondern sie dienen dir als Biofeedback. Dein Körper antwortet dir beziehungsweise die Seele spricht über den Körper mit uns. Besonders starke Gefühle wie Wut oder Angst sind geniale Wegweiser zu dem, was du dir gerade im Leben wünschst. Sie zeigen dir meistens den Ausweg aus deiner aktuellen Komfortzone. Deine Gefühle zeigen dir den Weg in dein volles Potenzial. Sobald du den Ursprung deiner Gefühle entschlüsselt und erkannt hast, kannst du dich für deine eigenen Bedürfnisse einsetzen. Dann hat die Emotion ihre Aufgabe erfüllt.

Es ergibt also wenig Sinn, auf die Wut wütend zu sein. Das wär so, als würdest du auf den Postboten wütend sein, weil er dir eine Rechnung in den Briefkasten gesteckt hat. Denn die

Rechnung hast du doch selbst verursacht. Gefühle anzunehmen und wahrzunehmen, ist also wichtig. Sonst können sich Emotionen stauen, ähnlich wie Briefe im Briefkasten, und diese emotionale Verstopfung kann zu körperlichen Symptomen führen.

Es hat keinen Zweck, Gefühle zu unterdrücken und nicht wahrhaben zu wollen. Denn jede Blockade, die dir im Alltag begegnet, ist auch ein Spiegel für deine Innenwelt. Wenn sich bereits körperliche Blockaden bei dir bemerkbar gemacht haben, lade ich dich dazu ein, die damit verbundenen Gefühle zu transformieren. In meiner Wahrnehmung bedeutet Krankheit nämlich, dass etwas nicht mehr im Fluss ist. Diese energetischen Blockaden kann man wieder in Fluss bringen, indem man sich Zeit nimmt, die Gefühle wahrzunehmen, anzunehmen und die Ursache zu ergründen. Statt die Emotion zu unterdrücken oder von dir wegzuschieben, darfst du sie dir bewusst machen und sie fühlen, um den Druck herauszunehmen.

Stell es dir wie ein kleines Kind vor, das auf Anerkennung und Aufmerksamkeit aus seinem Umfeld angewiesen ist. Ein Kind, das keine Beachtung bekommt, wird nur noch lauter um deine Aufmerksamkeit schreien. Genauso verhalten sich unsere Gefühle. Sie kommen immer wieder mit ihrem Anliegen, bis sie gehört wurden.

Wenn du also in deine Kraft kommen möchtest, darfst du deine komplette Palette an Gefühlen einsetzen. Beim Klavier spielen nutzt man auch alle Tasten und nicht nur zwei Töne. Die Komposition wird erst zum Meisterwerk, wenn man die gesamte Klaviatur einbezieht. Also, wie kommst du wieder in die Leichtigkeit, wenn dich etwas emotional mitgenommen hat? In meiner Wahrnehmung sind das drei Schritte:

1. Übernimm die Verantwortung. Gestehe dir ein, dass du dieses Gefühl irgendwann einmal selbst kreiert hast.
2. Habe Verständnis. Verstehe, dass jedes Gefühl da ist, weil es von dir gefühlt und angenommen werden will.
3. Nimm das Gefühl an.

Wenn du diese drei Schritte immer wieder übst, wirst du nach und nach deine mentalen Muskeln stärken. Emotionale Fitness ist nicht angeboren, sondern kann trainiert werden. Du kannst dich regelmäßig darin üben und fit halten. Baue deine Fähigkeit aus, um mit der gesamten Palette an Emotionen umzugehen, statt weiter unter dem Druck angestauter und unterdrückter Gefühle zu leiden.

Denke dran: Die Art, wie du mit Emotionen umgehst, hat auch einen Einfluss auf deine Gesundheit. Wenn du deinen Blickwinkel veränderst, öffnest du dich für Leichtigkeit. Siehst du Gefühle wie Ängste und Wut bereits als Chance, um auf das nächste Level zu kommen? Solange du Gefühle wegdrückst oder ignorierst, werden sie aufgrund der Ablehnung nur umso mehr darauf drängen, von dir gesehen zu werden. Das könnte der Grund sein, warum manche Menschen sich mit viel Arbeit ablenken oder in Süchte flüchten. Das Gefühl – beispielsweise die Leere – bleibt aber trotzdem bestehen, während sie versuchen, es zu übertönen oder zu betäuben.

Die Lösung lautet also: Gefühle fühlen. Zieh dich zurück, geh nach innen, dorthin, wo das Thema durch die Wahl deiner Gedanken entstanden ist. Erkenne, dass du nicht das Gefühl bist, sondern dass du das Gefühl erzeugt hast. In deiner Mitte bist du pures Sein. Von dort aus kannst du deinen Körper, deinen Verstand und die Gedanken beobachten. Durch das Annehmen etwa der Leere kann sich das entsprechende Gefühl zur Erfüllung verwandeln.

In meiner Wahrnehmung geht es also nie darum, Gefühle loszuwerden. Es geht darum, zu erkennen, dass du ein Schöpfer bist. Du darfst mit kindlicher Neugierde auf das Gefühl zugehen und deine Gefühle – wie eine bewusst gebuchte Achterbahnfahrt – genießen. Dazu braucht es Mut, denn nicht alle Gefühle sind angenehm. Aber jedes hat seine Daseinsberechtigung.

Hier noch ein paar konkrete Tipps, um aus der »Achterbahn der Gefühle« eine fortwährende Aufwärtsspirale zu machen und deine Schwingung regelmäßig auf ein neues Level, ein höheres Niveau, zu heben:

- Denk deine Wahrheit.
- Entscheide dich für ein Leben, von dem du keinen Urlaub mehr brauchst.
- Tank regelmäßig auf: Plan täglich Zeit ein, die du nur für dich nutzt.
- Geh täglich in die Natur und erde dich permanent, etwa durch Waldbaden.
- Atme bewusst.
- Gönn dir Pausen und plane bewusst Auszeiten ein.
- Sei dankbar für alles, was ist. Finde in allem ein Geschenk.
- Hol dir Hilfe. Du musst nicht alles allein lösen. Du darfst um Hilfe bitten und sie auch annehmen.

Sorg dafür, dass es immer nur einen bis maximal drei Anrufe braucht, bis du jemanden am Hörer hast, der dir kompetent weiterhelfen kann. Es gibt Dinge, die man nicht allein lösen kann. Lass dich von Profis dabei unterstützen, deine Herausforderungen mit Leichtigkeit zu meistern.

Vertraust du schon dem Fluss des Lebens?

Jeder Mensch hat ein Grundbedürfnis nach Sicherheit, aber das allein macht einen Menschen auf Dauer nicht glücklich. Wenn du in deinem Leben immer wieder an einen Punkt kommst, an dem du sagst: »Da muss mehr sein«, dann kann ich dir sagen: »Ja, da gibt es mehr.« Die Frage ist nur, ob du bereit bist, die vermeintliche Sicherheit des bekannten Ufers loszulassen und dich voll und ganz dem Fluss des Lebens anzuvertrauen. Denn jeder Mensch verdient es, in der Tiefe seines Herzens sein gesamtes Potenzial zu entfalten.

Doch das kann nur funktionieren, wenn wir uns mutig auf den Weg machen, zu erkunden, wer wir noch alles sein – und was wir noch alles erreichen – könnten. Wie John Augustus Shedd so passend sagte: »Ein Schiff ist im Hafen sicher, doch dafür werden Schiffe nicht gebaut.« Die Herausforderungen des Lebens sind ein Weckruf deiner Seele, dem Fluss des Lebens zu vertrauen und in See zu stechen. Du kannst das Meer der Möglichkeiten bereisen und neue Erfahrungen machen. Ich glaube, das ist der Grund, warum wir auf die Erde gekommen sind. Hier haben wir die Gelegenheit, nach und nach alle Aspekte unseres Seins zu erkennen und zu leben.

Und so bin ich überzeugt, dass jede Seele bereits vor ihrer Geburt eine besondere Mission ersonnen hat, die nur sie erfüllen kann.

Du hast mindestens eine Lebensaufgabe ausgesucht, die es zu meistern gilt. Und damit wir immer schön auf Kurs bleiben, wurde unsere Seele mit einem inneren Verlangen nach Wachstum ausgestattet. Die Kunst besteht darin, stets das Gleichgewicht zu finden.

Es geht darum, eine gesunde Balance zwischen den beiden Bedürfnissen von Sicherheit und neuen Abenteuern zu schaffen.

»Unser Kopf ist rund, damit unser Denken die Richtung ändern kann«, sagte schon Francis Picabia. Was er dabei nicht bedachte: Wir können uns dabei aber auch dauernd im Kreis drehen. Der Verstand will uns vor dem Unbekannten schützen. Er lässt deine Gedanken um eine Sache kreisen, damit du keine Entscheidung treffen musst und kein Risiko einzugehen brauchst. Doch dafür sind wir nicht geschaffen worden. Darum bist du eingeladen, zu vertrauen und von deinem Verstand ins Herz zu gehen. Denn wenn wir Vertrauen in uns und den Fluss des Lebens haben, kommen die Dinge in Fluss. Also los! Trau dich und trau dir selbst mehr zu!

Dabei gibt es keine Garantie, dass alles immer Friede, Freude, Eierkuchen sein wird. Es geht vielmehr darum, der Seele auch die tiefen Erfahrungen zu gönnen, damit sie sich in ihrer Weite erfahren kann. Um gelassen und entspannt da hindurch zu bugsieren, wurde uns eine Art Navigationssystem mit auf den Weg gegeben: Deine Seele bedient sich der feinen, sanften Stimme deines Herzens, um dich durch dieses Leben zu navigieren. So entwickelt sich eine Dynamik zwischen dem Verstand und unserem Herzen. Der Verstand gleicht alles mit bestehenden Erfahrungen ab und sucht nach Sicherheit, während das Herz nach neuen Erfahrungen strebt. Der Verstand hält gern an Bekanntem fest und blockiert dadurch das Wachstum der Seele. Das Herz hingegen kennt den Weg, den du noch finden darfst, um dich in deiner Ganzheit zu erfahren. Wenn du an Sicherheit festhältst, blockierst du also auch deine Entwicklung.

Hältst du fest oder lässt du los? Die Entscheidung liegt bei dir, ob du festhältst oder loslässt, und wie du die Welt sehen möchtest. Worauf willst du den Fokus legen?

Wenn dein Fokus bisher darauf ausgerichtet war, alles kontrollieren zu wollen, gibt es wahrscheinlich in deiner Kindheit einen Punkt, an dem du aufgehört hast, dem Leben zu vertrauen. Vielleicht hattest du dort ein unschönes Erlebnis, wurdest enttäuscht oder nicht so angenommen, wie du bist. In Folge dessen hast du vielleicht dein Herz verschlossen, um dich selbst zu schützen, statt auf das Leben zuzugehen. Damals lag dein Fokus darauf, zu überleben.

Und weil der Schmerz so groß war, bist du in den Kopf gegangen, hast dich in deinen Verstand zurückgezogen und dich von deinen Gefühlen abgekoppelt. Dein Unterbewusstsein hat die Aufgabe übernommen, dich zu beschützen, aber gleichzeitig hält es dich von neuen Erfahrungen und vom erfüllten Leben ab. Was deine Seele glücklich machen würde, ordnet der Verstand als riskant ein. Dabei bezieht er sich auf vergangene Erfahrungen und hält dich in alten Mustern gefangen. Dies wiederum manifestiert sich in Verhaltens- und Denkmustern, die dir heute nicht mehr dienlich sind.

Jetzt ist die Zeit gekommen, dein Herz zu öffnen für dich, für andere Menschen, für das Vertrauen. Öffne dein Herz für das Vertrauen zum Leben und zu dir selbst. Jeder von uns ist wundervoll und großartig. Doch das hat uns damals als Kind niemand gesagt. Im Rückblick darfst du erkennen, dass die Bezugspersonen aus deiner Kindheit es immer so gut gemacht haben, wie sie eben konnten.

Du bist eingeladen, dein Herz wieder für die Liebe zu öffnen. Folge dabei deiner Innenwelt, deinem Gefühl. Beginne damit, dich selbst so zu lieben, wie du bist. Sei großzügig mit dir selbst. Wir alle sind Meister, die üben. Erinnere dich daran, wer du wirklich bist. Wir sind hier auf der Erde, um uns wieder daran zu erinnern, wer wir in Wirklichkeit sind. Auf Seelenebene wissen wir ganz instinktiv, dass wir Schöpfer sind.

Als Kind haben wir bestimmte Prägungen erfahren, die uns glauben ließen: »Ah, okay, das bin ich.« Aber jetzt ist es an der Zeit, aufzuwachen. Hinterfrage, was du bisher gedacht hast. Wenn du dem Leben wieder vertraust, dann lass dich führen.

Du hast wahrscheinlich schon viele dieser Momente erlebt, in denen dir klar wurde: »Ich wusste es bereits tief in mir.« Dein Herz zeigt dir immer den Weg. Wenn du das erkennst, kannst du dich zurücklehnen, aufatmen, entspannen und dem Fluss des Lebens wieder vertrauen, um ganz bei dir und in deiner wahren Größe anzukommen.

Und beachte: Alles folgt deinem Fokus. Energie folgt der Aufmerksamkeit. Also hör auf, herumzurennen und anderen gefallen zu wollen. Mein Tipp an dich: Nimm dir zwei bis drei Mal am Tag mindestens 30 Minuten Zeit nur für dich, um bei dir anzukommen und deinem Herzen zu lauschen und dich inspirieren zu lassen. Wie soll es weitergehen? Hör aufmerksam zu. Vertraue. Dein Herz kennt den Weg. Lass dich führen. Folge dem Herzen, geh Schritt für Schritt voran und vertraue deinem Gefühl. Gleiche die Impulse, die kommen, mit deiner Innenwelt ab und bleib authentisch. Bleib bei dir, bleib in deiner Mitte.

Als ich vor dem Schritt stand, mein Haus zu verkaufen, schrieb mir meine Tochter groß an die Wand, an der ich mehrmals täglich vorbeigelaufen bin: »Ich vertraue dem Fluss des Lebens.« So ging diese Botschaft nach und nach in mein Unterbewusstsein hinein, bis ich sie tief verinnerlicht hatte. Von da an gelang es mir mehr und mehr, dem Leben zu vertrauen, weil ich wusste, dass ich immer genau dort bin, wo ich gerade sein soll. Das Leben ist immer auf deiner Seite. Mach dir bewusst: Du bist die richtige Person, zur richtigen Zeit, am richtigen Ort. Vertrau darauf! Dann fließt du mit dem Leben, lässt im Vertrauen los und bewahrst dir dabei die Rolle des Gestalters.

Der Fluss des Lebens strömt unaufhörlich, und es macht viel mehr Freude mit – und auch mal gegen – den Strom zu schwimmen, wenn du dich tragen lässt. Beginne, dieser leisen Stimme deines Herzens wieder zu vertrauen, auch wenn das, was sie sagt, aus logischer Sicht für dich zunächst überhaupt keinen Sinn ergibt. Aus Sicht deiner Seele dient jede Erfahrung deinem Wachstum und beinhaltet ein Geschenk für dich. Visualisiere täglich diesen Fluss und tauche ein. Wenn du magst, arbeite dabei auch mit der Affirmation: »Ich vertraue mir und dem Fluss des Lebens.«

Erwarte Wunder und richte deine Gedanken danach aus

Ich habe mich dazu entschieden, immer das Beste – ja sogar Wunder – zu erwarten. Es gab eine Zeit in meinem Leben, in der mir der Weg zum Briefkasten Bauchschmerzen bereitete. Manchmal entpuppte sich meine Sorge vor einer Rechnung im Briefkasten als unbegründet, doch manchmal trafen meine Befürchtungen ein, was wiederum meine Angst vor dem nächsten Gang zum Briefkasten verstärkte. Es begann ein Kreislauf, der sich erneut in körperlichen Symptomen bemerkbar machte, denn ich zitterte vor Angst – ein Kreislauf. Du merkst: Körper, Seele und Geist sind miteinander verbunden und unsere Worte spiegeln diese Verbindung wider.

Da ich, mein Körper und mein Denken ein Teil des Problems waren, wurde mir schnell klar, dass ich mich, mein Handeln und mein Denken verändern musste, wenn ich andere Ergebnisse erzielen wollte. Also veränderte ich mich. Stück für Stück, in vielen Lebensbereichen – und begann auf dem Weg zum Briefkasten zu denken und zu sagen: »Ich erwarte das Beste.« Sobald ich mich bei einem undienlichen Gedanken erwischte, sagte ich: »Stopp. Lösch das Programm. Ich denke neu.«

Diese Geschichte erzähle ich so gern, und zwar aus drei Gründen:

1. Sie ist wahr.
2. Sie ist leicht zu verstehen und nachvollziehbar.
3. Du kannst es sofort und einfach selbst ausprobieren.

Natürlich kannst du diesen Kniff auch auf jeden anderen Lebensbereich anwenden, und es funktioniert. Wieso klappt das mit dem Löschen und Neudenken? Wie beschrieben, hat unser Unterbewusstsein in der Kindheit eine Programmierung mitbekommen, die noch heute auf uns wirkt. Wärst du ein Computer, hättest du nach und nach ein Betriebssystem aufgespielt bekommen, Daten wären dazugekommen und du hättest jede Menge unbewusster Verknüpfungen erstellt. Du kannst dich vermutlich auch nicht mehr daran erinnern, was alles in deinem Unterbewusstsein gespeichert ist, aber die eingeprägten Muster wirken weiterhin. Das ist zu Beginn deines

Lebens auch sehr sinnvoll so eingerichtet, da wir in unseren frühen Lebensjahren von unseren Eltern abhängig sind und uns in dieser Welt langsam ein- und zurechtfinden.

Doch nicht alles, was wir in dieser Zeit gelernt haben, stellt eine gute Grundlage für ein späteres selbstbestimmtes Leben dar. Womit wir wieder bei der Situation mit dem Briefkasten sind. Vielleicht wurde uns als Kind auf dem Teppich mitgeteilt, dass Rechnungen etwas Schlechtes sind und für Stress sorgen und dass sie nur schwer oder gar nicht bezahlt werden können. Diese Überzeugung könnte in uns als Wahrheit gespeichert worden sein. Wärst du also ein Computer, so müsste diese Information schnellstmöglich im Papierkorb landen, damit dieses Programm nicht nochmal neu geladen werden kann. Noch besser wäre es, dieses alte Programm zu deinstallieren und ein neues, hilfreicheres Programm zu installieren.

Nochmal zur Vertiefung und Verdeutlichung: Was auch immer du denkst und erwartest, erzeugt ein Resonanzfeld. Diese Felder schwingen und du stimmst dich auf eine bestimmte Erwartungshaltung ein. Das, was du erwartest, schwingt auf der entsprechenden Frequenz und findet den Weg zu dir. Da unser Unterbewusstsein einen sehr großen Teil unseres Lebens ausmacht, kann es sein, dass du dir vieler dieser ausgesendeten Gedanken und dadurch generierten Felder überhaupt nicht mehr bewusst bist. Sie sind einfach in den unbewussten Teil gerutscht, damit dein Tagesbewusstsein wieder Kapazität hat, um all die neuen Eindrücke deines Lebens zu verarbeiten und für Neues offen zu sein. Doch was bringt es dir, wenn du offen und empfangsbereit bist, aber dein Unterbewusstes mit fest verwurzelten Glaubenssätzen wie ein Türsteher die Pforte blockiert?

Denn dein System findet solche Bodyguards extrem sinnvoll und nützlich. Schließlich will es dich vor Neuem und Unbekanntem schützen, und das tut es ganz hervorragend. So hält es dich in deiner Komfortzone und du würdest weiterhin Bauchschmerzen haben, sobald du dich auch nur auf dem Weg zum Briefkasten befindest. Somit beschützt dich dein System eben auch vor potenzieller Fülle, Erfolg und Reichtum, wenn du weiterhin zulässt, dass unbewusste Glaubenssätze die Tür blockieren.

Nun kannst du beispielsweise mit dem VAK-Prozess über das Unterbewusstsein diese alten, vom Umfeld übernommenen Glaubenssätze aussortieren und ganz einfach neue wie bei einer Festplatte installieren. So bist du in der Lage, durch die Ausrichtung deiner Gedanken die gewünschte Realität in dein Leben zu ziehen. Denn alles Äußere ist nur ein Spiegel unserer Innenwelt.

Also, Korken raus! Lass das Glück wie Champagner in dein Leben fließen (oder nimm deinen alkoholfreien Lieblingssaft). Hauptsache, es schmeckt DIR.

Wer das Alte bereitwillig und bewusst loslässt, ist wirklich offen und bereit zu empfangen. Dann ist es kein bloßes Lippenbekenntnis mehr, sondern du hast Fakten geschaffen. Wenn du dich diesem Prozess verweigerst, kannst du noch so viele positive Affirmationen hören, glauben, denken und fühlen. Der Großteil deines Unterbewusstseins wird dich wieder zurück in deine bekannte Zone ziehen. Na, ist doch wahr: Ein Misthaufen wird auch nicht schöner, wenn wir etwas Glitzer darüber streuen.

Das bedeutet: Es ist an der Zeit auszumisten. Dazu brauchst du in meiner Wahrnehmung keine Endlosschleife in Vergangenheitsbereinigungen, sondern ein Bewusstsein dafür, was in deinem Leben JETZT gerade so alles los ist. Eine Inventur. Schaffe Fakten, um neue Fakten zu schaffen. Erst wenn du einen klaren Überblick über deine aktuelle Situation hast, wirst du bewusst die neue Version deines Lebens wählen und erzeugen können. Erst dann bist du wirklich in der Lage, deine Gedanken neu auszurichten, weil du dann genau weißt, wo du aktuell stehst. Von diesem Punkt in deinem Leben aus kannst du dann starten und konkret formulieren, wohin du willst. Wisse: Alles, was du willst, das will dich auch.

Allerdings gibt es hier eine zusätzliche Hürde, die oft dazu führt, dass jemand nicht bekommt, was er will. Es könnte sein, dass du zum Beispiel nach Entlastung strebst. Dann können Angebote von außen kommen und du blockierst dich unbewusst selbst durch Gedanken wie: »Ich kann das nicht annehmen«, »Was denken dann die anderen von mir?« oder »Ich muss es allein schaffen.«

Finde stattdessen heraus, was du den ganzen Tag über so alles denkst – und denke einfach neu. Änderst du dich, dann ändert sich alles. Und dann sagen Menschen von außen: »Das ist ein Wunder.«

Lebensfreude und Leichtigkeit

Du hast große Ziele im Leben? Du musst nicht verzweifeln und dich fragen, wie du diese Ziele überhaupt erreichen kannst, als würdest du vor einem riesigen Berg stehen. Nimm es leicht, auch wenn es dir am Anfang vielleicht schwerfällt. Denn wie so vieles andere ist auch Leichtigkeit eine Gewohnheit, die du in deinem Unterbewusstsein und dadurch auch in deinem

Bewusstsein, deiner Körperhaltung und deiner Sprache dauerhaft verankern kannst. Hast du dich und deine Gedanken bereits auf Leichtigkeit und Lebensfreude ausgerichtet, wird sich dies bald darauf in deinem Alltag widerspiegeln. Hier ein paar Ideen, wie du Leichtigkeit schnell in dein Leben einladen und auch dauerhaft integrieren kannst:

- Finde heraus, welche Gedanken dich herunterziehen – und lass sie los.
- Verbanne schwermütige Gedanken radikal aus deinem Alltag.
- Verlass deine Komfortzone – das dir bekannte Terrain – und bewege dich auf neuen Feldern.

Wurde dir als Kind beispielsweise mitgegeben, dass man dies und jenes eben so und so macht? Oder hast du Sätze wie »Wer schön sein will, muss leiden« als Kind in dich aufgenommen? Dann frag dich mal, ob solche Gedanken deine Leichtigkeit fördern – und streiche sie bewusst aus deinem Sprachgebrauch. Solche Sätze hast du ab sofort einfach nicht mehr in deinem Repertoire, sondern sortierst sie liebevoll Stück für Stück aus.

Finde Menschen, denen leichtfällt, zu tun, was dir bisher schwergefallen sind. Entweder die Leichtigkeit färbt ab oder aber du kannst die Aufgaben abgeben, die dir einfach nicht liegen. Es gibt nämlich Menschen, die von Herzen gern tun, was dir das Leben bisher so schwer gemacht hat. In bestimmten Bereichen haben sie sich zu wahren Experten entwickelt. Willst du selbst ein Experte für Leichtigkeit im Leben sein? Schaffe dir Anker in der Außenwelt, die im Unbewussten wirken. Zum Beispiel habe ich mir damals eine Karte ins Treppenhaus gehängt:

»Leichte Zeiten haben begonnen – JETZT«. Jedes Mal, wenn ich die Treppe herunter- oder hochgegangen bin, wurde mein System mit dieser Information gespeist – bis sie eines Tages völlig integriert war. Ich möchte hier noch einmal daran erinnern, dass das Unbewusste 45.000-mal stärker ist als das Bewusste und wir vieles unbewusst aufnehmen.

Dann mach es dir leicht und delegiere Aufgaben, etwa in deinem Geschäft. Das ist erlaubt und auch ziemlich clever. So gibst du anderen die Möglichkeit, ihren Traum zu leben, und schaffst gleichzeitig die optimalen Voraussetzungen, um deine Energie für die Verwirklichung deiner Träume einzusetzen, statt dich zu verausgaben.

Finde wieder zur Leichtigkeit. Doch was bedeutet Leichtigkeit für dich? Kannst du es bereits klar definieren? Beschreibe, was Leichtigkeit für dich alles beinhaltet und woran du merken wirst, dass Leichtigkeit als beständiger und treuer Begleiter in deinem Leben ist. Du kannst das wunderbar mit den Techniken verbinden, die im unbewussten Teil wirken, und alle Sinne einbeziehen. Bei einem solchen Prozess wirst du auf eine entspannte und spielerische Art und Weise deine persönlichen sensorischen, olfaktorischen und visuellen Anker für Leichtigkeit finden und anschließend auch in deinen Alltag integrieren können.

Lebe Leichtigkeit, indem du dich dafür entscheidest, sie zu spüren und mit ihr in Resonanz zu gehen. Nimm dir jetzt einen Moment Zeit und finde diese Leichtigkeit in dir. Wo genau fühlst du diese Leichtigkeit? Welche Farbe hat sie für dich?

Nun folgt eine Aussage, die dich vielleicht verwundern wird: Leichtigkeit ist eine Gewohnheit. Wir alle haben Routinen entwickelt und wählen meist die Gedankengänge und Muster, die uns vertraut sind. Über die Jahre haben sich in unseren Köpfen ganze Datenautobahnen gebildet und oftmals nehmen unsere gewohnten Gefühle eben die Autobahn statt der nächsten Ausfahrt. Wenn du bisher die Schwere in deinem Leben gewohnt warst, darfst du ab sofort das genaue Gegenteil davon wählen.

Stell ein Stoppschild auf der Route der negativen Gedanken und Informationen auf. Werde dir ihrer bewusst, um sie dann mit den fünf Schritten der Veränderung zu transformieren. Etabliere neue Gewohnheiten und schaffe so neue Datenautobahnen. Gewohnheiten lassen sich wie ein Muskel trainieren und je mehr du dich auf Leichtigkeit fokussierst, desto mehr wirst du sie durch deine Aufmerksamkeit in dein Leben ziehen. Wenn du voller Leichtigkeit und Annahme für das bist, was sich dir zeigt, ziehst du außen das an, was in deiner Innenwelt liegt.

Vielleicht hast du solche Sätze schon öfter gehört: »Das fällt mir so schwer« oder »Ich fühle mich so bedrückt.« Aber was würde passieren, wenn du solche Glaubenssätze umdrehen würdest und das genaue Gegenteil zu deiner neuen Wahrheit machst? Wie würde sich dein Leben dadurch verändern, wenn du ab sofort denkst: »Das fällt mir leicht, denn es fällt mir ganz einfach zu.« oder »Ich fühle mich so beschwingt, locker und leicht.«

Lebensfreude kommt dann in unser Leben, wenn wir uns bewusst dafür entscheiden. Warte also nicht darauf, dass du eines Morgens glücklich aufwachst, weil alles in deinem Leben vollkommen harmonisch läuft. Entscheide dich stattdessen aktiv für Freude und begegne Herausforderungen mit einem Lächeln – in dem Wissen, dass sie Chancen für dein persönliches Wachstum bieten. Wer sich sorgt, der sorgt für Sorgen. Wer es leicht nimmt, hat Leichtigkeit gewählt.

Natürlich kommt uns das Leben viel leichter vor, wenn wir unsere grundlegenden Werte erfüllt sehen. Darum frage dich nun, was deine Kernwerte im Leben sind. Was sind deine Big Five? Die großen fünf Werte in deinem Leben, die dich wissen lassen, dass deine Welt in Ordnung ist, wenn sie in deinem Leben sind. Ist es Liebe? Familie? Freiheit? Geld? Gesehen werden? Lehren? Reisen?

Schreib auf, was für dich wichtig ist. Was kannst du heute und ab sofort tun, um sicherzustellen, dass diese Werte in deinem Leben vorhanden sind? Bringe diese Grundwerte in dein Leben ein, sodass dein Unterbewusstsein erkennt: Ja, ich lebe in Freude und Leichtigkeit, weil alle meine Grundbedürfnisse erfüllt sind.

Ho'oponopono: Vergib dir und anderen

Das, was du außen wahrnimmst, ist immer eine Spiegelung von dir selbst. Und an diesem Anteil im Außen kannst du arbeiten. Zum Beispiel mit einem hawaiianischen Ritual.

Aloha! Auf Hawaii wird ein wundervolles Vergebungsritual gelehrt, das ich dir ebenfalls an die Hand geben will. Denn es ist immer gut, voll ausgestattet – mit den besten Werkzeugen, die das Leben zu bieten hat – den Weg des Lebens zu meistern. Dieser hawaiianische Weg der Vergebung nennt sich: Ho'oponopono. Ho'oponopono ist der Porsche unter den Vergebungsmethoden. Und hiermit überreiche ich dir feierlich die Schlüssel zu diesem Fahrzeug:

- Es tut mir leid!
- Bitte verzeih mir!

- Danke!
- Ich liebe dich!

Diese vier Schlüssel öffnen dein Herz und führen dich zu der Wahrheit über dich selbst, hinein in die Liebe, Vollkommenheit und Fülle. Durch die Anwendung von Ho'oponopono lenkst du deine Aufmerksamkeit auf das Wesentliche. Dein wahrer innerer göttlicher Kern wird wieder freigelegt. Menschen, die »Unvergebenheit« wählen, sind von der Liebe getrennt und werden mit der Zeit verbittert, was sich oft in ihren Worten, Taten und auch in ihrem Gesicht und ihren Augen zeigt. Ein wahrer Jungbrunnen, ja, eine seelische Entgiftungskur ist die Vergebung aus ganzem Herzen.

Doch was ist Vergebung eigentlich? Was bedeutet Vergebung für dich? Hier ein paar Gedanken dazu: Wahrhafte Vergebung bedeutet, dass ich das Geschehene in der Vergangenheit belasse und es nicht wieder in die Gegenwart hole, um jetzt oder in der Zukunft noch mal im Schmerz und Selbstmitleid zu baden.

Vergebung bedeutet,

- nicht mehr daran zu denken und es zu unterlassen, es mir selbst oder anderen wieder und wieder vorzuhalten,
- zu erkennen, dass die andere Person es zu jeder Zeit so gut gemacht hat, wie sie es konnte (hätte sie es besser gekonnt, hätte sie es definitiv besser gemacht),
- aus der Opferrolle herauszugehen und bewusst die Schöpferkraft zu wählen,
- sich selbst zu lieben und so im Einklang mit sich selbst und mit den Mitmenschen im Reinen zu sein.

Manch einer fragt dann in seinem Schmerz: »Aber wie soll das gehen? Es tut doch weh.« Genau dazu aber ist das Ritual von Ho'oponopono gut. Es wird wie ein Mantra oder Gebet verwendet – mit Bewusstheit und der Absicht, zu vergeben – und wirkt wie viele Tropfen Wasser, die zusammen einen reißenden Fluss bilden und den Schmutz der Vergangenheit wegspülen. Im Ergebnis kommt dein wahres Sein zum Vorschein. Du erkennst, dass dir niemals jemand Schaden oder Leid zufügen kann. Wenn du bewusst und absolut die Verantwortung für dein eigenes Leben und die getroffenen Entscheidungen und gewählten Gedanken übernimmst, erkennst du, dass du selbst am Hebel sitzt. Dann gelangst du zur tieferen Bedeutung des Vergebungsrituals:

Du erkennst, dass dir niemals jemand Schaden oder Leid zufügen kann. Wenn du bewusst und uneingeschränkt die Verantwortung für dein eigenes Leben, deine getroffenen Entscheidungen und die gewählten Gedanken übernimmst, erkennst du, dass du selbst am Steuer sitzt.

- Es tut mir leid, was ich mir selbst angetan habe, weil ich vergessen hatte, wer ich wirklich bin.
- Bitte vergib mir, mein Herz, dass ich nicht auf dich gehört habe.
- Danke, dass ich – durch die vielen Spiegelsituationen in meinem Leben – wieder an die Wahrheit erinnert wurde.
- Ich liebe dich, mein wahres Sein. Ich liebe mich und das schöpferische »Ich bin« in dir und mir.

Beim Vergeben geht es aber nicht darum, das Geschehene einfach hinzunehmen und die Hände in den Schoß zu legen oder das Verhalten anderer zu legitimieren oder stillschweigend hinzunehmen. Nein. Wenn du vergibst, dann heilst du. Du heilst von innen heraus, was dir von außen gespiegelt worden ist. Also erkenne und akzeptiere, dass ein Teil von dir und deiner Schöpferkraft an dem, was dir von außen begegnet, beteiligt ist. Finde Frieden und lass die Vergangenheit los.

Wenn es einen Groll gibt, etwa wegen einer Situation aus deiner Kindheit, dann bedenke: Vermutlich lebt heute keine deiner Zellen von damals noch. Wozu also noch daran festhalten? Du bist bereits zellenmäßig von Grund auf erneuert – also erneuere auch deine Gedanken, damit das Alte gehen kann und du Kopf, Herz und Hände frei hast für das Neue in deinem Leben.

Wunder erleben

Die einen nennen es Wunder. Doch für mich ist es ganz normal. In meinen Coachings, Seminaren und Trainings nutze ich die Gabe, die mir vom Universum mitgegeben wurde – und kommuniziere mit der Seele meiner Klienten. So auch bei der von mir organisierten Seminarreise »Steffi Spezial« im Jahr 2023 auf Lesbos. »Geist, Wunder und Heilung« – das war der rote Faden der sieben magischen Tage. Und der Begriff »Wunder« war da wörtlich zu nehmen.

Ich arbeite mit der Seele der Klienten zusammen und habe hier die Kräfte der Insel genutzt. Eine Teilnehmerin in einem Seminar im Jahr 2023, Rossella, hatte 49 Jahre lang auf ihrem rechten Ohr nichts gehört. Ich machte mit ihr eine Einzelsitzung – und Rossellas Gehör funktionierte wieder vollständig.

Für uns alle ein göttlicher Moment. Während ich dies schreibe, habe ich Tränen in den Augen, obwohl Wunder für mich Teil der täglichen Zusammenarbeit mit meinen Klienten sind, nicht nur auf der Energieinsel Lesbos.

Wie mache ich das? In meiner Kommunikation bin ich in der Lage, tiefsitzende Blockaden beim Ursprung aufzuspüren – und aufzulösen, selbst wenn diese in einem anderen Leben stattgefunden haben. Das gibt den Menschen im Hier und Jetzt die Freiheit, in ihre Kraft zu kommen. Oftmals sitzen solche Blockaden tief und konnten zehn, 20 Jahre lang von niemandem gelöst werden.

Rossella war auf Lesbos bereit, sich dem Thema zu stellen und weit in sich hineinblicken zu lassen. Und nach einer Sitzung, die nicht einmal 45 Minuten dauerte, war nach 49 Jahren ihr Gehör wieder vollständig hergestellt. Medizinisch gesehen war es die gesamte Zeit gesund. Trotzdem hat sie 49 Jahre lang nichts gehört. Da war mir klar, da ist eine tief sitzende Blockade. Denn die Seele kommuniziert über den Körper, sie kann nicht sprechen. Ich wiederum kann diese Zeichen lesen, das ist eine meiner Gaben, und darauf reagieren.

Ein weiteres Beispiel: Ebenfalls in 2023 hatte ich eine Klientin, die 180.000 Euro Schulden hatte und gerade Insolvenz anmelden wollte. Jetzt schreibt sie an ihrem Buch V*om Insolvenzgedanken zur ersten Million*. Diese wundersame Kehrtwendung ist von April bis Februar passiert. Ausgangspunkt war unter anderem ebenfalls eine Sitzung auf Lesbos, in der ich die Geldblockaden aufgelöst habe – die aus einem anderen Leben stammten. Von da an ist sie in ihren finanziellen Fluss gekommen. Wir haben noch während der Sitzung förmlich die Geldscheine tanzen sehen.

Oder: Im Jahr 2024 arbeitete ich mit einem jungen Mann zusammen, der 20 Jahre lang von Schmerzen geplagt war. Ihm stellte ich nur eine Frage: »Was war mit elf Jahren, welcher Schmerz war da?« Daraufhin sagt er: »Da ist mein Opa gestorben – und ich habe mich damals gefragt, warum nicht ich?« Die Erklärung: Das war sein Schmerz, da ihm der Opa sehr nah und lieb war. Und ein Kind mit elf Jahren hat dann im unbewussten Teil diesen Schmerz verankert, der sich wiederum auf körperlicher Ebene ausdrückt. Dass die Schmerzen nun weg sind, grenzt für andere an Wunder. Für mich nicht wirklich, so sehr ich mich darüber freue. Denn ich habe verstanden, wie das göttliche Prinzip funktioniert.

Für meine Klienten ändert sich allerdings oft das gesamte Leben. Lebensqualität hält wieder Einzug. Die Menschen sagen: »Steffi, was du hier innerhalb von zehn Minuten in mir bewirkt hast, das haben 20 Jahre Psychotherapie nicht erreicht. Ich hatte mehrfach Menschen, die in Behandlung waren und dort zu keinem Ergebnis kamen.« Ich widme mich meinen Klienten regelmäßig in Einzelcoachings. Wunder passieren aber auch bei Live Events.

Rossella sagt selbst zu ihrem lebensverändernden Ereignis: »Die Woche von ›Steffi Spezial‹ auf Lesbos war eine magische Reise ins ›ICH‹, die schwer in Worte zu fassen ist. Das war eine Erfahrung, bei der wir in die Tiefen des Verstehens eingetaucht sind, neue Horizonte entdeckt haben und Verbindungen geschaffen haben, die tiefer waren als der Ozean und weiter als das Universum. […] Das größte Geschenk, das ich bekommen habe auf Lesbos nach 49 Jahren, war die Fähigkeit, wieder auf dem rechten Ohr hören zu können. Dies wurde erst möglich, nachdem ich mit Steffi eine Sitzung hatte und alte Lasten loslassen durfte.«

Lesbos spielt übrigens eine besondere Rolle in meinem Leben: Lesbos hat eine enorme Energie und verleiht einem unglaubliche Kräfte. Lesbos war der Beginn meiner Reise. Dort habe ich mein Inneres Kind überhaupt erst kennengelernt. Ich war mir dessen vorher nicht bewusst. Daraufhin habe ich angefangen, mein Inneres Kind erstmals zu sehen, zu lieben und zu heilen.

Auf dieser Insel kann man sich stehenden Fußes manifestieren – da die Energie so hoch ist. Und deshalb können wir dort – etwa bei meinen Seminaren – nicht nur eine riesige Bandbreite an Themen bearbeiten. Wir erleben auch reale Effekte: Alter Frust wird aufgelöst, wir vergeben anderen und uns selbst. Wir lösen Blockaden aus der Ahnenreihe auf und ergründen, was uns die Seele gerade zeigen möchte, bis die Teilnehmer in ihre göttliche Schöpferkraft gelangen. Wir gehen bis zum Grund einer jeden Persönlichkeit und es entsteht dann eine tiefe Herzverbindung.

Top-100-Speaker Hermann Scherer, der wohl wichtigste deutschsprachige Experte für Markenbildung, meinte angesichts der Power von Lesbos und meiner Kurse in einem Fernsehinterview sogar augenzwinkernd: »Ich hab mir sagen lassen, wer zu dir nach Lesbos fliegt, braucht für den Rückflug kein Flugzeug mehr. So beflügelt sind die Menschen.«

FAZIT

Warum jeder Mensch einen Coach braucht

»Ich bin nicht länger das Opfer meiner Geschichte, sondern meine Geschichte ist meine Stärke.« Diese Erkenntnis hat mein Leben verändert und liegt mir darum besonders am Herzen.

Wenn ich also dieses Buch auf einen einzigen Satz komprimieren müsste, wäre es dieser: »Du bist nicht das Opfer deiner Geschichte, sondern deine Geschichte ist deine Stärke.«

Doch natürlich kommt diese »Stärke« nicht von allein. Um mit meiner eigenen Geschichte umzugehen und sie in Stärke umzuwandeln, benötige selbst ich immer noch einen Coach. Es macht mein Leben, mein Bewusstsein und auch meine eigene Coachingarbeit maximal authentisch und grandios.

Ich bin sicher, auch du hast bereits viel in deinem Leben erlebt und vieles von dem, was ich beschrieben habe, in ähnlicher Form erfahren. Wenn es um zwischenmenschliche Themen geht, können Freunde oft gute Ratgeber sein. Aber Menschen, die mit uns in der gleichen Situation und auf demselben Niveau stehen, können uns selten auf die nächste Stufe helfen. Wenn wir auf der Suche nach wirklicher Veränderung und Wachstum sind, benötigen wir die Unterstützung von Menschen, die uns weiterbringen können. Selbst ich als Expertin benötige Unterstützung: Wenn ich auf ein unlösbares Problem stoße, frage ich jemanden, der sich besser damit auskennt oder der bereits ähnliche Erfahrungen gemacht hat.

Aus diesem Grund habe ich derzeit drei Coaches, und zwar für verschiedene Lebensbereiche, weil ich bislang niemanden getroffen habe, der alles abdeckt, was ich gerade benötige (das alles habe ich übrigens in meinem Coachingpaket integriert und umgesetzt, damit Menschen alles aus einer Hand bekommen): Einer konzentriert sich auf die körperliche Ebene, der andere arbeitet mit mir zu mentalen und energetischen Themen und der dritte unterstützt mich im Marketing- und Salesbereich. Jeder kennt das auch aus seinem Leben: Wenn es beispielsweise um Zwischenmenschliches geht, können wir enge Freunde gut beraten. Wir selbst, in der gleichen Situation, können aber oft nicht klar sehen und die richtigen Entscheidungen treffen – deshalb fragen wir wiederum andere, möglicherweise sogar jene, die wir selbst noch vor einem halben Jahr beraten haben. Wenn ich jetzt auf dem Teppich sitze, kann ich mich selbst nicht erkennen. Das ist ähnlich wie beim Schmetterling, der hat seine Punkte hinten auf dem Rücken. Nur andere können die schöne Musterung sehen. Er selbst kann sich nur in den Spiegeln seines Lebens erkennen.

Zusätzlich hat ein Coach den Vorteil, dass er neutral ist und emotional nicht involviert. Er steht sozusagen auf dem Balkon und beobachtet mich unten im Sandkasten. Wir erörtern dann die Situation und ich kann meine Verantwortung erkennen und übernehmen und Frieden mit Personen und Ereignissen schließen.

Denn jeder von uns muss die Verantwortung für sein Leben selbst übernehmen. Er oder sie kann nicht mit dem Finger auf andere zeigen, so sehr sie uns auch ärgern. Alles, was uns außen begegnet, ist ein Spiegel unserer Innenwelt. Und um das zu erkennen, brauche ich immer noch und wahrscheinlich für immer einen Coach. Besonders greife ich dann auf einen Coach zurück, wenn ich Pläne habe. Wie setze ich meine Vorhaben um, welche Strategie stelle ich auf – also für etwas Konstruktives, ja auch wenn es um Praktisches wie Verträge geht, nicht nur, wenn ich emotionale Anliegen habe.

Und wozu ein Arbeiten auf der körperlichen Ebene? Da fragen sich jetzt vielleicht einige, was das bedeutet? Das heißt, dass ich mir als Kind bei vielem oft wehgetan habe und mich daran gewöhnt habe, das heißt, es nicht mehr besonders wahrnehme. Und immer noch brodelt dort das Innere Kind in mir, mit seinen Befindlichkeiten. Wenn ich zum Beispiel Bauchschmerzen habe, fühle ich in mich hinein und stelle mir die Frage, was mir mein Körper damit sagen möchte. Da gibt es womöglich einen alten Schmerz, den ich mir noch nicht angeschaut habe – und dann gehe ich gefühlsmäßig an diese Stelle.

In meinem Leben hat es so manche Herausforderung gegeben. Und ich bin so unglaublich glücklich und dankbar, dass ich inzwischen immer sofort die passende Unterstützung an meiner Seite habe, wenn ich sie brauche.

Es ist daher absolut sinnvoll,

- sich mit Persönlichkeitsentwicklung und der eigenen Innenwelt zu beschäftigen,

- sich einen erfahrenen Coach an die Seite zu stellen,
- regelmäßig aus der Komfortzone herauszugehen und etwas Neues zu wagen und zu lernen.

Dein Coach ist jemand, der dich dabei unterstützt. Idealerweise sollte dein Coach diesen Weg schon vor dir gegangen sein. Am Besten lernst du von jemandem, der den Weg – und das Ziel – bereits kennt. Jemand, der schon da angekommen ist, wo du erst noch hinwillst. Ein Coach hilft dir dabei, dich auf das von dir gewünschte Ziel auszurichten und diesen Fokus zu halten. Und zwar so lange, bis du ganz angekommen bist. In manchen Fällen begleitet ein Coach dich ein Leben lang, wenn er ideal zu dir und deinen Zielen im Leben passt.

Ein Coach achtet auch darauf, dass du konsequent in eine Richtung gehst. In Analogie zum Autofahren könnte man sagen: Ein Spurhalteassistent plus Tempomat. Der Coach sorgt dafür, dass du keine Sonderausfahrt nimmst. Denn Menschen neigen manchmal dazu, vermeintliche Abkürzungen zu nehmen. Ein Coach wird dich in so einer Situation wieder an dein Ziel erinnern und dich erneut auf deine Vision ausrichten. Ähnlich wie bei der Fahrschule wird er dich in der Schule des Lebens zum richtigen Zeitpunkt darauf hinweisen und gegenlenken.

Da ich nicht nur leidenschaftlich als Coach tätig bin, sondern mich auch seit vielen Jahren selbst begleiten lasse, habe ich erstaunliche Fortschritte erzielt, die ich mir niemals hätte träumen lassen. Eine perfekte Mischung.

Ein Coach ist auch deshalb ein idealer Wegbereiter und Wegbegleiter, weil meiner Erfahrung nach jeder Mensch blinde Flecken hat: Themen, die er nicht sehen will oder die man an sich überhaupt nicht sehen kann. Das geht so lange vermeintlich gut, bis uns jemand von außen darauf stößt. Ob im privaten Bereich oder beruflichen Umfeld – irgendwann wirst du getriggert. Gut, wenn man dann jemanden hat, den man sofort anrufen und um Rat bitten kann. Ein Coach, der dich in deine Klarheit bringt. Jemanden, der dich fördert und fordert, damit du deine Ziele auch wirklich erreichst.

Neuorientierung und Zäsur

Dank der Unterstützung von Coaches macht es bei mir jeden Tag: klick, klick, klick, klick, klick. Ich bin mir mehr und mehr meiner Göttlichkeit bewusst geworden. Es gleicht dem Vorgang des Erwachens.

Ich verstehe mich selbst immer besser und kann deshalb den Menschen auch immer klarer den Weg weisen. Während ich dieses Buch schreibe, erkenne ich, wie dynamisch mein Leben ist; vor allem für mich als Unternehmerin. Das, was gestern noch gegolten hat, kann morgen schon überholt sein. Das gilt ebenso für andere Lebensbereiche. Deswegen muss ich auch manchmal schmunzeln, wenn Menschen denken, das es immer so weitergeht, wenn einmal alles festgelegt ist. Transformation, gepaart mit Reflexion, ist ein fortwährender Prozess, unabhängig davon, wie weit wir im Bewusstsein fortgeschritten sind oder zu sein glauben.

Ich persönlich glaube, dass dieser Prozess erst endet, wenn wir auf der Wolke schweben. Solange wir auf der Erde sind, findet Transformation statt und wir begegnen immer wieder Aspekten, bei denen wir aufräumen und tiefer schauen dürfen – inklusive Triggerpunkten, egal wie bewusst oder wie gebildet wir schon sind. Das ist unabhängig von unserem Bewusstseinsgrad oder Bildungsstand. Ich glaube, dass die Transformation dann vorbei ist, wenn der Deckel zugegangen ist. Mein Ziel ist es, dann ein Lächeln im Gesicht zu haben – genauso wie jetzt, wie in dem Moment, in dem ich diese Zeilen schreibe. Getreu dem Motto: »Fit in die Kiste.«

Zum Schluss und wie es sich für ein Fazit gehört, möchte ich daher eine wichtige Botschaft übermitteln: Man könnte denken, bei mir läuft alles und ich habe meinen Weg gefunden. Doch ich verändere mich täglich, entwickle mich permanent weiter und habe nach wie vor Mentoren an meiner Seite, die mich begleiten.

Ich bin ein freier Mensch und lasse mich nicht einschränken. Denn ich liebe das, was ich tue, von ganzem Herzen. Schon lange bin und arbeite ich unabhängig. Doch ich habe in den vergangenen Monaten auch folgende Erkenntnis gewonnen: Um mich ganz auf meinen Seelenplan einzulassen, muss/musste ich allein weitergehen.

Es ist daher eine Mischung aus der Anbindung an einen meiner Mentoren und einer gewissen Abkoppelung, die ich im Frühjahr 2023 eingeleitet habe. Erst langsam und schrittweise, dann beschleunigt. Warum? Ich möchte mich nicht begrenzen lassen. Damit meine ich gar nicht Personen. Denn ich liebe die Freiheit, folge stets meinem Herzen und der Freude in meinem Leben. Wenn ich mich in meinem Seelenplan bewege, gibt mir das Energie, was ich ganz deutlich spüre. Daraus ziehe ich meine Kraft und Power.

Um also meinem Herzen treu zu sein und wahrhaftig zu leben, habe ich mich entschieden, meinen Weg anders als bisher fortzusetzen. Ich merke bei dieser Entwicklung – und bei allem, was ich tue –, dass ich immer mehr zu mir selbst finde und bei mir ankomme, dass ich immer mehr »mein eigenes Ding« mache. Ich darf immer und jeden Tag dazulernen und kann das Gelernte auch dort wieder einbringen. Und ich habe gelernt: Ich bin mehr in meine Kraft gekommen, weil ich noch mehr verstanden habe, zu was ich in der Lage bin, wenn ich mich frei entfalten kann.

Dabei habe ich immer mehr gemerkt: Wenn ich für und mit anderen einen Kurs gebe, leite ich nicht nur einfach so die Ausbildung als austauschbare Person, sondern ich bin die Steffi Christian – mit meinen eigenen Fähigkeiten. Außerdem diene ich nicht der einzelnen Person, sondern den Menschen insgesamt, also dem großen Ganzen.

Meine Klienten sind vor allem Unternehmerinnen und Unternehmer, Coaches, Trainer und Dienstleister. Macher, die bereits ein gewisses Bewusstseinslevel erreicht haben; Menschen, denen Erfüllung, Lebensfreude und Freiheit im Alltag und Berufsleben wichtig sind. Sie haben oft schon alles erreicht und fühlen sich dennoch ausgebrannt und häufig leer. Finanziell und geschäftlich stehen sie solide da und können sich sagen: »Ich bin es mir wert, in mich und meine Person zu investieren.« Ich durfte mit ihnen bereits Multimillionen-Umsätze machen, was ich mir vorher nie habe träumen lassen. Vom Universum habe ich eine wundervolle Gabe mitbekommen, Menschen in ihre Kraft zu führen. Ich bin fest davon überzeugt, dass die Menschen, die das brauchen, zu mir geführt werden.

Der Prozess, den ich gerade geschildert habe, ist nicht nur eine schöne, normale Weiterentwicklung, wie ich sie allen im Leben und in der Karriere wünsche. Es ist auch passiert, während ich an diesem Buch gearbeitet habe. Auch das Nachdenken über mich selbst, was ich ohnehin oft mache, nun aber besonders intensiv, hat dazu geführt, dass ich noch mehr meinem Seelenplan folge.

Ich werde unterstützt von einem wundervollen Team aus Angestellten und Freelancern, die für mich wahrhafte Engel sind. Dabei kommt mir die vielfältige Erfahrung als Unternehmerin aus über 33 Jahren zugute und ich habe das Gefühl, dass all dies nur die Vorbereitung für das eigentliche große Projekt war. Ohnehin ist alles vom Universum gelenkt.

Das Vögelchen hat das Nest verlassen. Ich fliege weiter.

Danksagung

Mein ganz besonderer Dank geht an meine Tochter Tony Sue. Sie ist die allerwichtigste Person in meinem Leben, ohne die ich dieses Buch nie hätte schreiben können – und dies auch im rein existenziellen Sinn. Daneben möchte ich allen meinen Trainern und Mentoren aus tiefstem Herzen Danke sagen: Robert Betz, Oliver Geisselhart, Jeanne Ruland, Hannah Iverson, Jürgen Höller, Damian Richter, Tony Robbins, Tobias Beck und Hermann Scherer. Sie alle haben mich intensiv geprägt. Mit ihrer Unterstützung bin ich zu der geworden, die ich heute bin. Den damit verbundenen Entwicklungsprozess habe ich in diesem Buch beschrieben. Sie haben mich auf meinem Weg begleitet, bei dem ich mich aus dem »Opferstatus« herausgeholt und in meine Kraft und Schöpfermacht gebracht habe. Dabei waren sie nicht nur als Lehrer aktiv, die mir Wissen und Lebenserfahrung vermittelt haben, sondern auch als mein Spiegel. Nur so konnte ich vieles reflektieren, erkennen und all die Klick- und Aha-Momente erleben, die mich ganz bei mir und in meinem Herzen haben ankommen lassen.

Mehr Informationen findest du auch auf meiner Website:
www.schmetterlingseffekt888lebensfreude.de